Citizenship Education and Public Achievement

**パブリック・アチーブメント／シティズンシップ教育**
**シリーズ**

# 人生を拓く・社会を創る

## ──シティズンシップの学び──

**池谷 美衣子・田島 祥・二ノ宮リム さち**

〔編著〕

学文社

# ・ はしがき ・

　「ブラック企業に引っかからないためにはどうしたらいいですか」。学生からたびたび出る質問だ。確実に避ける方法が，一つだけある。それは，ブラック企業をこの社会からなくすこと。そう答えると，学生は不思議そうな，あるいは，不満そうな顔をする。

　就職だけではない。家庭環境も教育環境も地域での暮らしの環境も，格差が拡大するなかで，あらゆることが当たりかハズレかで受け止められ，説明されるようになっている。生まれる時から「親ガチャ」をくぐり抜けるなら，ハズレを引かないために必死になるのは当然だ。誰だってハズレは引きたくない。上記の質問も，その素朴な表れの一つだろう。

　けれど，ハズレをなくす，少なくとも大ハズレをなくし，多少ハズレてもそこそこやっていける社会であれば，そこまで不安や不運に怯えなくても済むのではないか。天下国家を語らずとも（多少は語るのだが），身近なところから社会をちょっとずつマシなものにするための方法や戦略は，もっと具体的に教えられてよい。そうやって世代を超えて知恵と経験を分かち合うことが，社会への希望をつくるはずだ。そんな思いから，本書は構想された。

　本書は，「自分が何をしてもどうせ社会は変わらない」というあきらめを乗り越えて，「ふつうの人」が社会に対して無力な存在ではないこと，社会に参加し社会をつくりかえる力があることを理解し，わたしたち自身をエンパワーメントすることをめざすことを目的とする。そのためのキーワードが，シティズンシップだ。

　本書と『地域から学ぶ・世界を創る―パブリック・アチーブメントと持続可能な未来』から成る「パブリック・アチーブメント／シティズンシップ教育シリーズ」の基盤になったのは，東海大学が2018年度から1年生対象の必修科目として展開している教養科目での授業実践である。「シティズンシップは道徳の授業みたい」「平等・公正とか差別のない社会とか，実現しない理想を掲げ

るから辛くなる」「社会の役に立たないと言われても自分はしょうがないと思う」。授業で出会う学生たちの実直なつぶやきと格闘しつつ，入れ替わっていく授業担当教員の個性豊かな授業実践に励まされながら，6年間の試行錯誤を経て本書は生まれた。

　自分にとって幸福な人生の追求と，そんな人生を可能にするためのよりよい社会の創造は，いずれかだけで成り立つものではない。両者を同時に進めるためにわたしたちをエンパワーメントする具体的な方法が，本書を通して少しでも読者の皆さんと共有できることを願って。

　2024年3月吉日

編者を代表して

池谷　美衣子

# 序　章　現代的教養としてのシティズンシップ

　本書は，「自分が何をしてもどうせ社会は変わらない」というあきらめを乗り越えて，「ふつうの人」が社会に対して無力な存在ではないこと，社会に参加し社会をつくりかえる力があることを理解し，わたしたち自身をエンパワーメントすることをめざすものである。

　エンパワーメント（empowerment）とは，端的には力や自信を引き出すことを意味するが，それは単なる教授や能力開発とは異なる。エンパワーメントという言葉には，さまざまな抑圧や傷つきによって力や自信を失い，自分では何もできないように見える人がいたとしても，人は本来，誰もが自己を尊重し，他者と協同し，自己決定や問題解決を行うことができるのであり，そのような力をもつ存在であるという捉え方が背景にある。そして，働きかけを通じてその人が本来もっている力を取り戻していくことを指して，エンパワーメントという言葉が用いられる。ではなぜ，本来もっているはずの力をわたしたちは失うのだろう。どのようにしてそれを取り戻すことができるのだろう。本章では，シティズンシップへの着目や期待について，教養を手がかりに考える。

## 1．「しかたがない」を乗り越えるための学び

### (1)　変わらない社会，自信のない自分

　社会的課題の多くは，個別具体的な文脈のもと，暮らしの中で個人が経験する出来事として現れる。たとえば，それは誰かの経済的な苦しさだったり，身体上の不自由や孤独ゆえの辛さだったり，ニュースで取り上げられるような子育てや介護による大変さであったりするわけだ。これらの苦しさ・辛さ・大変さは，当事者個人の責任や原因だけを議論してもあまり意味がない（もちろん，当事者にとってそれが解決の糸口になることがないわけではない）。むしろ，その

ような状況を生み出した社会の側の要因を探り，課題を特定し，その解消や改善につなぐことで，その人を救い，あるいはこれから同じ状況を抱えるかもしれない人を守ることになる。現在の自分には関わりがないと思われる課題だったとしても，守られるのはいつかの自分だったかもしれないわけだから，社会的課題の解消は自分のためでもあるわけだ。

　他方，他者の苦しさ・辛さ・大変さに対して，「しかたがない」という反応が繰り返される場面も少なくない。他者が経験している苦しさに「しかたがない」と返すことはなぜ可能なのだろう。伝えるべき言葉をもちあわせていないからだろうか。しょせんは他人事だからだろうか。優しさや思いやりが足りないからだろうか。しかし，おそらくそうではない。なぜなら，自分自身が経験している苦しさ・辛さ・大変さに対しても，その当事者から同様に，苦しいけれど「しかたがない」というあきらめが示されたりもするからである。

　日本の若者は，社会に対する期待や信頼度が低く，自己肯定感も低いとされる。たとえば，日本財団の18歳意識調査（2022）では，国際比較（アメリカ・イギリス・中国・韓国・インド・日本）において，自身と社会との関わりに関する多くの項目で肯定的な回答をした割合が6カ国中最下位であった（「自分は責任がある社会の一員だと思う」「国や社会に役立つことをしたいと思う」「政治や選挙，社会問題について自分の考えを持っている」「政治や選挙，社会問題について家族や友人と議論することがある」など）。さらに，「自分は大人だと思う」（日本27.3%，第一位のイギリスは85.9%），「自分の行動で，国や社会は変えられると思う」（日本26.9%，第一位のインドは78.9%）の2項目は，他の国に差をつけて低い結果となった。一方，自分自身についても，肯定的な回答割合は低く，「自分には人に誇れる個性がある」「自分は他人から必要とされている」「自分のしていることには目的や意味がある」などの項目で6カ国中最下位であった。

　変わらない／変えられない社会と，その中で生きる自信のない自分。このような閉塞的な状況で，社会の側のいびつさまで自己責任だと抱え込んでしまえば，生きづらさに窒息しそうになったり，自分を保つために他者を攻撃してしまいそうになる心情は想像に難くないだろう。

　この状況を動かすことはできるだろうか。牧野篤（教育学）は，消費社会の中で人々は行政やサービス提供者に依存しなければ何もできない孤立した無力な存在になっていると捉えた上で，次のように続ける。

　しかし本来，私たちの生活とは，そんなに脆弱なものではなかったはずである。私たちが，この社会に他者とともに生きる存在としての自分を見失い，生活をともにつくり，社会をともにつくっているという感覚を失うことで，逆に一方的にサービスの提供を求め，クレーマーと化し，他罰的になって，自分を社会的なつながりから排除してしまうこととなっているのではないだろうか。(牧野，2019：10)

　「他者とともに生きる存在としての自分」という認識と，「生活や社会をともにつくっている」という感覚。このような他者との関係をつくる力は，わたしたちが本来もっているはずの力だ。あなたにとって，他者とともにこの「社会をつくっている」という感覚は，どのくらい実感のあるものだろう。身近な社会でイメージするなら，たとえば，部活やサークル，アルバイト先や職場，自治会活動や地元の夏まつりなどを想像してほしい。友達や同期などの小さな範囲や，特定の行事に限定すれば，ともに「社会をつくっている」ことを実感できる人もいるかもしれない。しかし，その居心地の良い空間や関係から一歩外に出たらどうだろう。自分が関与したり何かを変えたりできると思える社会は，限りなく私的世界に限定されてはいないだろうか。

## (2)　教養のもつ公共的な意味

　私的世界を中心に，よく知る人との関係や自分の経験からさまざまな認識を形成していくことは，ある意味で当然の営為である。それを意識的に相対化し，出会うことのない他者や死者にまで想像を及ぼしながら社会や世界を認識しようとするのが，教養がもつ力の一つだ。大学は教養教育と専門教育から成り立っているが，このうち，教養教育はさまざまな議論や批判，制度上の変化を

経ながらも，専門分野の学びにとどまらず，批判的思考を通して人間や社会の全体を考察しつづけるための知的な基礎体力を鍛える役割が期待されてきた。

　しかし，興味関心の範囲や力を発揮する場が私的世界に限定されがちなわたしたちにとって，社会全体を考察の対象に据えること自体，容易なことではない。地道な努力よりも運やツキで人生が左右される（ように感じられる）ことが「しかたがない」世の中では，苦しさ・辛さ・大変さが我が身に降りかからないよう，他者を出し抜いてうまく立ち回ることに関心が注がれがちだ。そうだとしたら，わたしたちが鍛える知性は，社会の全体には向かわず，自分が首尾よく生き抜くことだけに活用されはしないだろうか。

　このような予感は，すでに社会人の自己啓発として流行する教養ブームに表れているという。「ファーストフードのように簡単に摂取でき，『ビジネスの役に立つことこそ大事』という画一的な判断に支えられた情報」（レジー，2022：10）を「ファスト教養」と定義したレジー（ライター）は，その特徴として「公共との乖離」を指摘する。すなわち，人々が惹かれる「ファスト教養」には「人々が支え合う社会といったモデルをうっとうしいと否定するかの如く，個人としてのサバイバルを重視する」態度をともなっており，そのような「『自分が生き残ること』にフォーカスした努力は，周囲に向ける視線を冷淡なものにする」という（レジー，2022：124）。人々が学ぶほど，その間に優劣を引き起こすだけでなく，「立ち回り方が下手だから」ともつ者がもたざる者を嘲笑し，他者の苦しさ・辛さ・大変さに対して「しかたがない」と言い放ち，そうして社会はますます分断されていく。それが，学歴や資格の取得に直接関わらない，「教養」という言葉で括られる学びであっても。

　改めて確認したいのは，わたしたちが必要とする現代的教養とは，他者とともに社会をつくることを支えるものであり，公共的な意味をもつということだ。本書が主たる読者として想定する大学生や高校生にとって，高校・大学時代は，それまでの「先生に怒られるから」「友達もやっているから」など行動基準を他者に依存することの多かった時期から，一個人としての価値体系を自分の内面に確立していく時期でもある。好きなことを極めたり，自分のキャリアを考

えたり，危機管理としてさまざまな知識やスキルを獲得したりなど，自分の人生を豊かに拓くための学びも大いに重要である。しかし同時に，現代社会において求められる教養には，少なくとも自分と社会の関係を捉え，社会に関する関心と関与を形成することもまた，不可欠である。それは，生活や社会をともにつくっているという感覚を育むことでもあるだろう。

　そして，そのときの社会への理解とは，「なるべくしてこうなった」という宿命論的な理解でも，ロシアンルーレットのような運まかせの所与の条件でもない。社会を創ってきたのはあくまでも人間であり，その到達点として現在の社会があること。そして，現在の社会も課題の多い未完成なものであり，より良いものへと変更しながら次世代に繋いでいくものであるということだ。そこで改めて注目されるのが，シティズンシップである。

## 2．ともに社会をつくっているという感覚を育む

### (1)　教育課題としてのシティズンシップ

　シティズンシップは，政治学を中心に長い歴史をもつ一大テーマである。シティズン（市民）とは誰か，何を為し，どのような資格で，いかなる特権・権利・義務・責任・徳を有するのか。そして，その時々の社会にとって，シティズンシップは「どのように／どのような市民を育てることが可能／必要か」という教育課題でもあり続けてきた。

　日本において，シティズンシップが教育課題の前面にあらわれた例として，戦後民主化をあげることは妥当だろう。戦争への反省にたち，民主主義社会の担い手を育てることが戦後初期の大きな教育課題になるなかで，学校教育分野では「公民的資質」の育成を目的とする社会科が新設され，社会教育分野では住民が集い，議論し，活動を通して地域の自治的運営を実践する「民主主義の訓練場」として公民館が新たにつくられていった。高等教育分野にあたる新制大学もまた，民主主義の担い手を育成することをめざし，専門教育だけでない正規の教育課程として「一般教育（教養教育）」が導入された。このうち，大学における一般教育（教養教育）は，大学設置基準の大綱化（1991年）により

大学の裁量にゆだねられることになったが，いずれの教育分野においても民主主義社会の担い手を育てるという教育目標は今日まで失われたわけではない。しかしその後，一方では教育で政治を扱うことに対して慎重な姿勢が続き，他方では社会参加・貢献としてボランティア活動が推奨されることになった。

　日本で教育課題としてのシティズンシップが再び注目されるのは，21世紀になってからである。その初期に小玉重夫（教育学）は，今日，シティズンシップ教育の両義的な課題として，「一方で，国民国家の教育思想として発展してきた近代教育思想を根底から批判しつつ，同時に他方で，その組み換えによる新しい公教育思想の可能性を追求することが求められる」と予見した（小玉，2003：19）。実際，政治教育に限定しても，18歳選挙権の実施（2016年）を前後して，経済産業省の研究会による「シティズンシップ教育宣言」（2006年），総務省の研究会による「社会に参加し，自ら考え，自ら判断する主権者を目指して：新たなステージ『主権者教育』へ」（2011年）などが提言され，2022年度からは高校の必修科目として「公共」が設置されるなど，教育課題としてのシティズンシップはさまざまな実践を伴いながら注目を集めている（荒井ほか，2023）。

　世界に目を転じても，世紀をまたぐあたりから，イギリス教育省の報告書「学校における民主主義とシティズンシップの教育」（通称クリック・レポート，1998年），アメリカを中心としたソーシャル・キャピタルや共同体主義的なシティズンシップ，サービス・ラーニング，政治的シティズンシップなど，さまざまな理論と実践が蓄積されてきた（小玉，2016，宇野，2011など）。そこでは，政治は議員や行政など一部の人による活動だけを指すのではなく，むしろ，わたしたちの日常生活の場には多様なニーズや相反する利害関係が存在していて，それらを組織や地域の中で調整したり，意見をすり合わせながら意思決定を重ねていく日常的な行為も，意味のある政治的な営みとして捉えられている。

## (2) 市民の力の鍛え方：パブリック・アチーブメントへの着目

　政治的シティズンシップを重視し，市民としての力量を高める教育実践の一

つにパブリック・アチーブメントがある（小玉，2003）。パブリック・アチーブメント（以下，PA）とは，公民権運動や参加型民主主義をその底流にもち，1990年代からアメリカで実践されてきた教育理念・方法である。ふつうの若者が自らの関心を基盤に社会活動へ参加し，よりよい世界と新たな政治のあり方を創り出すプロセスを経験する中で，市民としてのアイデンティティや政治的スキル（不正と闘う大胆さや勇気，問題に取り組む才能，イデオロギーや価値観が鋭く対立するかもしれない異質な他者との関わりなど）の獲得をめざすという教育理念とそれにもとづく教育プログラムである（ボイト，2020）。

　PAの詳細については終章に譲るが，ここでは，PAの魅力を端的にあげておこう。それは，主役はあくまでも「ふつうの人」であること，市民アイデンティティや政治的スキルは経験を積むことで誰もが獲得可能なものとみなすこと，そして，体制側であれ運動側であれ組織への動員や敵味方を区別し対立する相手を悪とみなす二元論的な発想からは距離を置き，多様な利害や関係が複雑に絡む多元的な社会のなかで調停や交渉など民主主義的な手法を用いて状況を動かすことが大事にされていることなど，PAの魅力は多岐にわたって見出される（ボイト，2020：15-32）。

　もちろん，歴史も経験も異なる日本において，アメリカで育まれた教育実践がそのまま適用できるわけではない。しかし，アメリカ社会の複雑な現実を引き受けながら，教育を通じてシティズンシップを鍛えるというPAの挑戦は，日本の中で社会のことも自分のことも信じきれなくなっているわたしたちを励まし，別の社会を構想するためのヒントを与えてくれるはずだ。自分と社会との関係を見つめ直し，身近なところから社会の変革可能性に気づくこと。かつ，それに関与し参加する力が自分にはあり，それらの力の鍛え方を知って具体的に実践すること。こうして言葉にするのは簡単だが，これらを「社会に参加すべきだ」という規範ではなく，「（私にも）できる」と腑に落ちて納得できるかが鍵になっていく。

### (3)　教養科目におけるシティズンシップの必修化

　PA を日本に紹介した小玉は，大学生を政治的主体に育てる教育カリキュラムとして，また，アクティブ・ラーニングを実質化し高大接続を実現するものとして，日本の高等教育を変革する可能性を PA に見出している（小玉，2020：xv-xvi）。実際に，大学の教養教育に PA を位置づける動きもある（逸見・原田・藤枝・立教大学 RSL センター，2017）。このような影響を受けながら，東海大学における PA を理念とした教育実践の知見をもとに，本書は企画されたものである。東海大学で行われているシティズンシップの授業の枠組みと特徴について，簡単に説明しておこう。

　東海大学（23学部・学生数約3万人）では，2018年度から PA の理念に根差したシティズンシップを教養科目として必修化した（1年次対象・1単位科目を計4種類)[1]。このうち，本書の基盤となるのは，主としてシティズンシップの理念と方法を学ぶ2科目（「シティズンシップ（現代社会と市民）」「シティズンシップ（社会参画の意義）」）である。

　約5,000人の1年次が学ぶ湘南キャンパスでは，次のような特徴的な科目運営が行われている（二ノ宮・池谷・田島，2022）。第一に，できるだけ異なる他者との話し合いが経験できるよう，あえて複数学科混成でクラスを編成し，授業内で多くのグループワークが実施される[2]。第二に，授業は新規採用者を中心とした多様な教員が，専門分野を問わず約2年間担当する。第三に，必修科目としての衡平性を担保するため，共通ルールの設定や教員対象の授業研修が実施されている。

　限られた時間の中で，異なる関心をもつ多様な学生に対して，異なる専門分野と経験をもつ教員がシティズンシップについて伝えるという科目設計は，そもそも容易なものではない。さらに，本科目は50カ国以上からやってくる留学生にも必修化されているため，授業場面では互いに戸惑いや緊張感も生じえる。

　このような難題を抱えながらも，より多くの学生に届く授業をめざし，さまざまな工夫がなされてきた。全体では，たとえば神奈川県内で起きた障害者殺傷事件（2016年）を題材として，多様な他者とともに生きる社会をめざす困難

と，困難を乗り越えようと行動する人たちの活動を同時に学んだり，授業での学びを行動へとつなぐために，学生が主体的に社会的課題の解決に取り組む大学公認プロジェクトがPAを実践する場として紹介されている。

　また，各授業では，それぞれの担当教員が自身の専門分野と現代社会との関わりをテーマに設定することにとどまらず，子育てや自治会活動など教員が自身の日常生活での経験から語ったり，教員が実際に関わっているNPOを教材化したりなど，独自の授業がつくられている。

　シティズンシップを教養教育に位置づけ，多様な教員が入れ替わりながら担当する仕組みは，運営上の課題を多く抱えながらも，あらゆる学問分野や異なる経験からシティズンシップ教育の具体像が常に模索され，授業担当終了後も専門教育に影響を与えていく可能性が，常にひらかれている。

## 3．本書の目的と構成

　このように，本書はシティズンシップ科目の授業構築を支え，かつ，相互の授業実践を学び合うことで生み出された。本書では，「自分が何をしてもどうせ社会は変わらない」というあきらめを乗り越えて，「ふつうの人」が社会に対して無力な存在ではないこと，参加することで社会を変革しえることについて，それを「参加すべき」という規範ではなく「参加できる力がある」ことを理解し，自身をエンパワーメントすることをめざす。「ふつうの人」とは，もちろん，特権的な地位や特別な権力をもたないあなたやわたしのことを指す。

　このため，本書では三重の意味での「翻訳」を試みている。一つ目は，欧米を中心としたシティズンシップの理論や経験を，日本社会に即してとらえなおすという「翻訳」である。シティズンシップはそれぞれの歴史や社会に規定されており，「直輸入」が難しい概念である。シティズンシップをめぐる議論や実践の多くは，欧米でのそれらの紹介を伴っているが，たとえば移民をめぐる状況ひとつとっても欧米と日本の経験は大きく異なる。したがって，シティズンシップをどのように理解し，どのような行為として日常に落とし込むかは，日本の社会的文脈から改めて語り直される必要がある。本書では，できる限り

国内の出来事や日常的な経験の例示を含むことで，その一端を試みる。

　二つ目は，政治学や社会学などを学ぶ上で鍵となる専門用語としての理解から，教養として誰にでも理解できるかたちへの「翻訳」である。本書の背景には，シティズンシップに関心がある人だけでなく，社会についてあまり関心をもたない／もてない人や，高校までの社会科に苦手意識をもつ人にこそ届くことを企図した。したがって，本書における社会制度や社会参加等の説明は，政治学や社会学の入門テキストでなされる各事象の解説とは，その趣からしてかなり異なるはずだ。

　三つ目は，研究分野としては専門外の教員が，社会を担う一人としてシティズンシップを語ることを支えるための「翻訳」である。それぞれの専門知を体系的に教えることに長けた研究者（教員）が，その応用や発展として，自身の専門分野と架橋しながら，一人の大人として等身大のシティズンシップをどのように語りえるのか。本書は，この難題に向き合うためのガイドにもなっている。シティズンシップは，学校教育や若者だけの課題として理解されるものではない。本書では，子ども・若者と大人，学生と教員が対等な社会の構成者として，ともに考え，悩み，そして励ましあうことができるテーマとして，シティズンシップに可能性を見出すものである。


　本書の構成は以下の通りである。第1章では，「市民とは何か」をめぐる議論や課題を紹介しながら，なぜいま市民について考える必要があるのかについて理解を深める。第2章では，個人と社会との関係について，社会的アイデンティティをキーワードに理解を深め，社会心理学の知見を借りながら他者を理解するとはどういうことかについて考える。

　第3章では，わたしたちの社会参加を支える基本的な制度として，選挙，パブリック・コメント，公募委員の3つを取り上げ，制度の変化可能性に力点を置いて解説する。第4章では，身近な社会参加の方法のひとつとしてボランティアに焦点を当て，その他の活動との違いや具体的な参加方法などについて紹介する。第5章では，社会運動の役割を考えた上で，身近に広がる意思表示や社

会参加の方法を分類して学ぶ。

　第6章では，わたしたちの日常を構成する場で取り組むことができる社会を
つくる実践について，生活，労働，学習，地域の各場から具体的な事例を踏ま
えて理解を深める。そして，終章では教養から専門教育へとつなぐために，シ
ティズン・プロフェッショナルという概念へと接続する。

　これら各章の内容を深めるのが，コラムや発展的学習のコーナーだ。看護や
工学などの専門家がつかみとった等身大のシティズンシップや，学生時代に他
者や社会と関わりながら人生を拓いていった東海大学の卒業生たちの経験など
を紹介する。さらに，2つの発展的学習では，政治学と憲法学の観点から各章
では触れることのできなかった内容に踏み込んで解説する。


　シティズンシップやPAへの期待は，もちろん社会の側にとっての意義もあ
るが，なによりあなた自身やわたしたちの生きやすさにつながることを期待す
るからである。自分の人生を拓くことと自分の生きる社会を創ることは，いず
れかを犠牲にすることなくつながっていくはずだ。本書を通して，あなたと社
会の関わりをポジティブにつかみ，社会の中で生きる自分自身について語る言
葉を探りあててほしい。


### ✎　注

(1)　4科目とは，「シティズンシップ（現代社会と市民）」「シティズンシップ（社会参画
　　の意義）」「地域理解」「国際理解」である（1科目は100分授業で全7回）。なお，現
　　行の科目名で表記しているが，2018年度の開始時にはそれぞれ「シティズンシップ（現
　　代社会と市民）」は「シティズンシップ」，「シティズンシップ（社会参画の意義）」は
　　「ボランティア」であった。「ボランティア」に限らず社会参加の方法をより幅広く取
　　り扱うことを目的に，2022年度に科目名変更が行われた。
(2)　ただし，新型コロナウイルス感染症の流行期には全面的な遠隔授業へと移行し，グルー
　　プワークが設計どおりに実施できない状況に直面した。本書第5章コラムは，そんな
　　中で取り組まれた遠隔での授業実践報告である。

### 📖　引用・参考文献

日本財団（2022）「18歳意識調査，第46回―国や社会に対する意識（6カ国調査）」。

https://www.nippon-foundation.or.jp/app/uploads/2022/03/new_pr_20220323_03.pdf
（最終アクセス　2023年12月27日）。

牧野篤（2019）『公民館をどう実践してゆくのか：小さな社会をたくさんつくる2』東京
　　大学出版会。

宇野重規（2011）「デモクラシー」苅部直・宇野重規・中本義彦編著『政治学をつかむ』
　　有斐閣。

ボイト，ハリー・C. 著，小玉重夫監修，堀本麻由子・平木隆之・古田雄一・藤枝聡監訳
　　（2020）『民主主義を創り出す：パブリック・アチーブメントの教育』東海大学出版部。

小玉重夫（2020）「監修者解説」ボイト，ハリー・C『民主主義を創り出す：パブリック・
　　アチーブメントの教育』東海大学出版部。

レジー（2022）『ファスト教養：10分で答えが欲しい人たち』集英社。

唐木清志編（2016）『「公民的資質」とは何か：社会科の過去・現在・未来を探る』東洋館
　　出版社。

荒井文昭・大津尚志・古田雄一・宮下与兵衞・柳澤良明（2023）『世界に学ぶ主権者教育
　　の最前線：生徒参加が拓く民主主義の学び』学事出版。

小玉重夫（2003）『シティズンシップの教育思想』白澤社。

小玉重夫（2016）『教育政治学を拓く：18歳選挙権の時代を見すえて』勁草書房。

二ノ宮リムさち・池谷美衣子・田島祥（2022）「全学必修シティズンシップ教育科目の遠
　　隔実施における課題と可能性：教員アンケートをもとに」『東海大学スチューデント
　　アチーブメントセンター紀要』6，pp. 31-52。

逸見敏郎・原田晃樹・藤枝聡・立教大学 RSL センター（2017）『リベラルアーツとしての
　　サービスラーニング：シティズンシップを耕す教育』北樹出版。

# 第1章 社会の変化と市民の役割
## ：なぜシティズンシップを学ぶのか

## 1．あなたは「市民」？

　こんな問いからはじめてみよう。ひとまず，市民を「社会の担い手」と言い換えた上で，あなたは自分のことを「市民」だと思っているだろうか。どんな理由で，そう感じるのだろうか。

　授業で出会う学生たちの回答はさまざまだ。「私は市民（社会の担い手）だ」と考えた理由として，多くの学生が「選挙権があること」を挙げる。また，「税金（消費税）を収めている」「消費によって社会を回している」という回答には賛同する者が多いが，「一人暮らしで自立しているから」「アルバイトとして労働をしているから」「ボランティアに参加していて社会の役に立っているから」という理由が出ると，該当しない学生たちは少し戸惑いを見せる。「この社会で生きている人は，生まれた時からみんな市民だと思う」という回答に頷く学生がいる一方で，「いや，犯罪者は同じ市民とはいえない」と主張する学生も出てくる。

　他方，「私は市民（社会の担い手）ではない」と考えた理由として，よく出されるのは「就職して自分で稼ぐようになるまでは半人前だから」「社会の役になっている気がしない」という理由だ。なかには，「自分がいてもいなくても社会には関係ない」「社会問題や政治には興味がないから」と言いきる学生や，「政治家やTVに出ている有名人など，社会的影響力のある人が社会を担っていて，私はそれを『見る側』だから市民ではない」と率直に述べる学生もいる。

　これらの回答から見えてくるのは，正しい知識や理解の深さというよりも，学生たちが実感としてもっている政治と自分との距離感や，社会の中での自分の位置づけであり，現時点での自己認識とも言い換えられるだろう。この認識

を出発点として，本章では「市民とは何か」をめぐる議論や課題を紹介しながら，なぜいま市民について考える必要があるのかについて理解することを目的とする。

## 2．市民・シティズンシップを考える

### (1) 言葉の意味

　市民（citizen）は「社会を担う人々」という意味であり，中学校の授業科目にある「公民」や地域にある公民館の「公民」も，ここでいう citizen の日本語訳である。市民（citizen）に地位・資格を意味する ship が加わると，市民性（citizenship，シティズンシップ）となる。つまり，「シティズンシップ」とは，「ある社会 community の完全な成員に与えられた地位身分である。この地位身分をもっているすべての人びとは，その権利に付与された権利と義務において平等である（T. H. マーシャル　1992）」のであり，社会の担い手としての資質・権利・義務・活動などを意味する言葉になってきた。

　現在では，シティズンシップの①範囲（誰が「社会の完全な成員」として認められるのか），②内容（市民にはどのような権利や義務がどこまであるのか），③深度（個人のアイデンティティ，地域住民，国民，世界市民など，どのレベルでの議論なのか）という3つの観点が重なりながら，シティズンシップをめぐって幅広い議論が展開している。ここでは，②シティズンシップの内容を中心に，「市民とは何か」について理解を深めていく。

　その前提として，民主主義についても確認しておこう。民主主義について，あなたならどのように説明するだろうか。もっとも平易な表現をするならば，民主主義とは「私に関わることは，私が決める」という原則だ。民主主義では「私」の自由意思が尊重されるのであり，誰かに勝手に決められたりしない。そして重要なのは，この「私」が複数形にもなるということ。学校で，職場で，家庭で，地域で，国家で，「わたしたちに関わることは，わたしたちが決める」という原則で運営されることが民主主義だ。その際，「わたしたち」市民の内部が対等な関係であるかどうかも重要な課題である（後述）。

### ⑵　シティズンシップの内容：市民の権利とは

　シティズンシップは，歴史とともに 3 つの権利として発達してきた（T. H. マーシャル）。それは，特権階級が独占していた権利を市民が獲得していく過程でもあった。

#### ①　市民的権利（個人の自由のために必要な諸権利）

　特権階級の独占状況を切り崩して獲得された市民的権利の出発点が，「○○の自由」と言われる権利（自由権）である（18世紀）。もし，自分の意見を言うことが禁じられたり，メールや SNS の発信内容が検閲されたり，仲間と集まることに政府の許可が必要だったり，親の仕事を継ぐ以外に働く選択肢がなかったりしたら。自身のもつ自由についてあらためて考えてみると，日常生活がそれらの自由なしには成立しないことが実感される。同時に，これらの自由が剥奪されることの深刻さは，容易に想像できるはずだ。自由権は，国家権力に干渉されないという点で「ほっといて」という権利であり，民主主義社会では基盤に位置づくものである。

#### ②　政治的権利

　政治的権利は，国民が政治に直接または間接に参加する権利であり，選挙権（政治を行う代表者を選ぶ権利）と被選挙権（代表者に立候補する権利）が中心である（19世紀）。このうち，選挙権を取り上げると，日本では「国税を15円以上おさめた満25才以上の男性」（1890年）という限定的な対象から，「25歳以上のすべての男性」（1925年），および，「20歳以上の男女すべて」（1945年）という変遷を辿り，現在は「日本国籍を有する18歳以上の男女」（2015年）が選挙権を有することになっている（第 3 章参照）。これだけを見てもわかるように，「この社会を担っているのは誰なのか」というシティズンシップの範囲を具現化する政治的権利は，納税額・性別・年齢などの線引きを変更しながらここまで発達してきた。選挙権年齢のさらなる引き下げや外国籍住民の権利保障など，選挙権の範囲をめぐってはこれからも議論と変更が続くだろう。

### ③ 社会的権利

　望むか否かにかかわらず，人生には予想もしなかったようなことが起きる。さまざまな事情でどうにも生活できない状況に陥ることは，人生の中で誰にでも可能性があることだ。そして，そうなったらもう，生きていけなくてもしかたがないと切り捨てるのであれば，人間が社会を形成する意味はほとんどない。社会的権利は，人間が人間らしく生きていくために保障される権利（国家が積極的に保障すべき権利）として，20世紀に入ってから広く認められるようになった権利である。

　「すべて国民は，健康で文化的な最低限度の生活を営む権利を有する」（日本国憲法25条）を思いだす人も多いだろう。社会的権利には，具体的に，生存権（医療保険・介護保険・年金・生活保護などの社会保障）や教育を受ける権利（無償の義務教育・高校授業料無償化など），労働基本権（労働時間や最低賃金の基準・団結権など）などが含まれている。

　新型コロナ・ウイルス感染症の流行のなかで，国や地方公共団体（都道府県および市町村）はそれぞれに多様な支援策を打ち出した。その多くは社会的権利に関わるものであり，パンデミックの中で「どのような状況にある人を，どの程度，どのような形で（誰が）支援するのか」が問われた。支援策の成否や成果については検証作業が注目されるが（玄田ほか，2023など），世界的なパンデミックの経験はわたしたちが必要とする21世紀型の社会的権利を生み出していくことになるだろう。以上のように，社会的権利とは，市民が国家に対して「なんとかして！」と主張する権利として理解することができる。

　ここまでを通じて，市民的権利，政治的権利，社会的権利という3つは，いずれも国家権力との関係の中で歴史的に市民が獲得してきたといえる。すなわち，シティズンシップは，その範囲や内容が確立された不動のものではなく，時代状況の変化や社会の成熟とともに，常に変化の過程にあるものなのだ。

## 3．国家と市民の関係変化：ガバメント型からガバナンス型へ

### (1)　社会は「市民」と「政府」からできている：ガバメント型モデル

　民主主義の社会では，選挙によって市民（国民）の代表者を選ぶという方法が基本ルールとして採用されてきた。そして，選ばれた代表者からなる政府はさまざまな政策や制度を通じて公共サービスを提供し，わたしたち市民はそれを利用し消費するという関係で社会は動いてきた。このように，公共サービスの提供において，政府（ガバメント）が中心となる一方向的なモデルはガバメント型モデルとして説明される（図1.1）。

**図1.1　ガバメント型モデル（政府・市民モデル）**

出典：笹井・中村（2013：138）を一部改変

　しかし，ガバメント型モデルにはさまざまな課題がある（第3章参照）。選挙によって代表者を選ぶとはいえ，全体の投票率の低さ，特に若者の投票率の低さは選挙のたびにニュースになる。また，17歳以下の子どもたちにも，政府から提供される公共サービスに対して言いたいことがあるはずだ。学校のこと，先生のこと，親のこと，遊び場のこと。子どもとして生きている彼ら彼女らに直接関わることなのに，選挙権がないために政策決定に参加することができない。さらに，投票ではどうしても，多数派の意見が通りやすい。そうであれば，日本における外国籍住民，少数民族，障害者，同性愛者，ホームレス，ひとり親家庭など，マイノリティ（少数派）の人たちの声が公共サービスに反映されるには，高いハードルがあることになる。

　どうやら，選挙を通じた社会への参加だけでは，すべての市民のニーズを満たすことは難しいようだ。そこで模索されるのが，選挙だけではない新たな社会参加の方法である。

### (2) 社会は「政府」と「市民」と「中間団体」からできている
### ：ガバナンス型モデル

わたしたちの暮らしは，直接「政府」と関わるばかりではない。むしろ，普段の生活は，学校，企業，町内会・自治会，趣味を共有する仲間とのサークルやネットワーク，市民活動グループなど，さまざまな団体・集団・組織と関わりあうことで営まれている。このような，個人と政府の間に存在する多様な団体・集団・組織は，中間団体（中間集団）と言われる。そして，ガバナンス型モデルとは，政府だけでなく，市民が形成する多様な中間団体が重層的に公共サービスを提供し，その相互作用のなかで営まれる社会のことを指す(図1.2)。

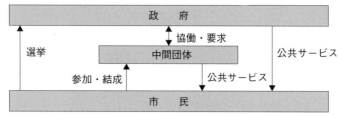

**図1.2　ガバナンス型モデル（政府・中間団体・市民モデル）**
出典：笹井・中村（2013：138）を一部改変

### (3) 中間団体の役割

とはいえ，中間団体は概念であり，実際の団体や組織が「中間団体」という看板を掲げているわけではない。たとえ自分が関わっていても，それが中間団体だとは気づきにくく，見えにくいものだ。

例をあげよう。たとえば，あなたが高校時代に学校の陸上部に入っていたとする。高校の陸上部そのものは，政府や社会とは何の関係もありそうにない，よくある部活動の一つである。

地域の中の各高校の陸上部は，集まってネットワーク（連盟）を作っている。時に市などの連盟を経由して県高等学校体育連盟（県高体連）の一員となっており，地区大会や県大会を運営している。さらに，各県の高体連は全国高等学校体育連盟（全国高体連）を組織し，インターハイ（全国大会）を運営する。こ

こまで登場した高校の部活動も，県高体連も，全国高体連も，すべて，ガバナンス型モデルでいう中間団体に該当する。

　さらに，県内の高校生を対象とする県高体連は，同時に，県陸上競技協会(社会人を含めて，陸上競技に取り組む人なら年齢や性別を問わず会員になることができる)の協力団体にもなっている。陸上競技協会に登録すれば，学校の陸上部をやめても陸上競技を続けて大会に出ることが可能だ。そして，各県の陸上競技協会が加盟して，日本陸上競技連盟（日本陸連）が組織されている。日本陸連はまた，世界陸連の一員でもある。これらもすべて，中間団体だ。

　陸上競技に取り組むことが目的ならば，それぞれが練習場所さえ確保できれば目的は十分達成されるようにも思える。なぜ，これほど重層的な中間団体が必要なのだろうか。実は，ここまでに出てきた中間団体は多様な役割を担っている。大小さまざまな大会は中間団体によって運営されているが，そこでは中間団体が競技ルールや正確な記録測定方法の徹底，安全対策や天候対策などのガイドライン作成などを担っている。また，普段の部活動で誤った指導方法や事故・怪我等が生じないように，指導者育成のための研修や資格認定，使用する用器具の検定，トレーニングや栄養に関する医学的知見の検討や提供，ドーピング防止活動などにも取り組んでいる。これらの取り組みを行う中間団体が民主的に運営されていること，すなわち，「競技に関することは競技に関わる人たちが一緒に決めていく」というルールで運営されることが，競技における公正な競争や安心して競技に励む環境を維持する上で重要であることは言うまでもない。つまり，あなたが陸上部の一員として指導者のもとで練習に励み，集中して大会に臨むことができるのは，実は陸上競技の世界に何層にも作られた中間団体が，その舞台を整えていたからだ，とも言えるのだ。

　この例を一般化すると，この社会には，政府に対して市民（個人）がバラバラに存在しているのではなく，個人が集まって作り出したたくさんの中間団体が重層的に存在していることに気づくことができる。そして，多くの市民が中間団体に参加する（時には新たに結成する）ことで，中間団体はわたしたち自身が必要としている活動や支援（公共サービス）を生み出している。さらに，

中間団体は，政府が提供する公共サービスを補完・代替したり，政府に要求して公共サービスの質や内容を変更するなど，社会を運営する上で力のある存在にもなっている。

## 4．シティズンシップへの期待と課題

### (1) 能動的市民（アクティブ・シティズンシップ）

あらためて，図1.1と図1.2を「市民」の立場から見比べてみよう。ガバナンス型モデル（図1.2）においても選挙の重要性は変わらないが，それにくわえて，わたしたち市民は中間団体を通じて社会に参加し，自分の暮らしの身近なところから行動する存在として位置づけられるようになっている。

権利や義務を中心に説明されてきたシティズンシップは，参加と行動を可能にするスキル・能力をもった能動的市民（アクティブ・シティズンシップ）へと，期待される市民像を変容させている。

### (2) シティズンシップを深めるにあたっての課題

とはいえ，シティズンシップをめぐっては批判も多く，「参加や行動を通じて能動的にシティズンシップを実践しよう」と奨励するだけは解決しない。ここでは，シティズンシップを深める上で重要な2つの課題について解説する。

#### ① 市民と市民の関係性

シティズンシップにおいては，社会の構成員として人々は相互に対等な立場であるとされる。しかし，実際には，社会の構成者にふさわしい「自立した市民」として特定の人間（属性や条件）が想定されてきた（子どもより成人，女性より男性，障害者より健常者，無業者より労働者・勤労者など）。そのため，想定から外れた人々，具体的には子ども，女性，性的マイノリティ，障害者，無業者，少数民族，難民などが，「自立した市民」には及ばない「二級市民」として序列化され，周辺化されてきたことで，市民の間に差別や不公正が存在している。したがって，現在のシティズンシップの議論と実践においては，多様な

属性・立場をもつ人々が真に対等に参画してともに社会を形成するという理念を，具体的な場面でどのように実現するのか／できるのかという点が重要である。

### ②　専門家と市民（素人）の関係性

また，複雑化する社会では，高度に専門性を有する課題について，市民がいかに関わることができるかという課題がある。気候変動，原発事故，不妊治療，クローン技術，ビッグデータの活用，新型コロナ・ウイルス感染症への対応やワクチン接種をめぐる議論など，市民生活に直接関わるような科学技術の進展に対して，「よくわからないから専門家にお任せする」という方法では済まされなくなっている。なぜなら，これらは確かに専門的な知見が必要な一方で，わたしたち一人ひとりの実際生活や人生に多大な影響を及ぼすことが明らかなためだ。また，専門家も何らかの利害関係や多様な価値観をもつ以上，専門家の判断が常に一つに統一され，「正解」を示すわけではない。専門家の間でも，見解の相違や意見の対立があることを前提にする必要がある。

したがって，専門的なテーマについて知識面で弱い立場（素人）に置かれる市民が，専門家と対等な立場でその政策内容や決定過程に関与するためにはどのような方法があり得るのかを，具体的な場面に即して検討する必要がある(例として，第3章第2節パブリック・コメント，同第3節公募委員を参照)。

シティズンシップをめぐるこの課題は，言い換えれば，学問や科学のあり方や，学問の社会的使命が問われているということである。専門家の側からなされた問題提起を含めて（高木，1999など），それぞれの学問分野からも深められている課題である。

## 5．社会の構成とその変化

ここまで，社会と市民の関係とその変化について学んできた。今度は，社会そのものを理解の対象として，社会を分解しながらその変化を見てみよう。

## (1) 社会は何によって構成されているのか

改めて整理すると，近代以降，わたしたちの社会は主として3つのセクター（部門）によって運営されてきた。一つ目は，政府セクター（行政）である。政府セクターとは，国や地方公共団体などの統治機構による公権力の行使，ないし，政党による政府内権力の追及が行われる領域を指す。政府セクターに対しては，わたしたちは納税者や有権者として，より日常的には国民や住民として関わっている。政府セクターは税金で運営される公的セクターであるため，すべての市民を等しく扱う公平性を原則としている。

2つ目は，市場セクター（企業）である。市場セクターとは，民間の営利企業によって利潤追及活動が行われる領域を指す。市場セクターに対しては，わたしたちは労働者として（もちろんアルバイトも含まれる），商品やサービスを購入する消費者として日々関わっている。市場セクターでは，さまざまな面で効率性や生産性を向上させ，競争原理によって常により高い利潤を得ることが目指されている。それは，市場セクターが利潤追求を原則とするためである。

3つ目は，親密圏セクターである。親密圏セクターとは，家族や親密な関係にある者同士によって，プライベート，かつ，インフォーマルな人間関係が構築される領域を指す。個人の人間関係が社会の構成部門とされることを不思議に思う人もいるかもしれないが，近代社会における親密圏の代表例は婚姻制度によって支えられた「家族」である。親密圏セクターは制度や政策の対象であり，具体的で代替不可能な他者との関係が営まれる場や，市場セクターでの過酷な競争から退避し人間性を回復させる場，育児や介護など人が生きる上で不可欠となるケアを担いあう場として，さまざまな役割が期待されてきた。このような親密圏セクターは，その基盤にある情緒的結合（愛情）を原則としている。

## (2) 市民社会セクターへの着目と期待

社会の変化の中で，各セクターの果たす役割も変容する（坂本　2017：8）。たとえば，政府セクター（行政）は，経済の低成長や財政赤字の拡大により，

公共サービスが十分に提供できなくなっている。そのため，公共サービスの民営化や規制緩和，行財政改革といった改革が行われ，市場原理と民間活力を可能な限り利用して，社会での役割を縮小しようとする「小さな政府」路線が基調となって今日に至る。

　他方，市場セクター（企業）もまた，経済活動のグローバル化などにより，経済競争の激化の中にある。変化の中で生き延びるために，解雇の難しい正規雇用を減らして非正規雇用を増やしたり，企業が成果主義を強めることで，働いている人にとっては安定して人生を支える労働の場を得ることがますます厳しくなっている。

　そして，親密圏セクターの変化も大きい。「長男は跡取りとして家業を継ぐべき」「大人になったら結婚するのが当たり前」「女性の幸せは子どもを産み育てること」など，仕事や家族に関して当たり前とされてきた「常識」が見直されたり，未婚，晩婚，離婚，ひとり親家庭，共働き世帯，単身世帯など家族関係の縮小・流動化や多様化がみられるようになった。

　このような変化の中で，3つのセクターの間には隙間が生じ，政府からも企業からも家族からも見落とされたり，十分に対応できない課題がさまざまに現れている（例として，Exercise 1 参照）。その中で，あらためて注目を集めてきたのが，4つ目にあたる市民社会セクターだ。政府，市場，親密圏という「3つのセクター以外の残余の社会活動領域が市民社会である」（坂本，2017：2）。市民社会セクター自体は昔から存在してきたが，今日では，市民社会セクターがより積極的に公共的役割を担うことが期待されている。市民社会セクターにも，人々の自由意志で結成されたさまざまな中間団体が存在し，活動している。これらは市民社会組織（civil society organization, CSO）と言われ，政治団体（政党など），宗教法人，社会福祉法人，学校法人，労働組合，農協，医療法人，地縁組織である自治会・町内会，子ども会，公民館利用者団体，PTA，趣味教養サークル，スポーツ・文化団体，ボランティア団体，NPO（市民活動団体，第3章参照）などが，幅広く該当する。

## 6．市民社会のもつ力

　3セクターの行政や企業や家族に比べると，市民社会セクターの市民社会組織は漠然としていて弱い存在に見えるかもしれない。しかし，市民社会セクターは，以下3つの固有の機能をもっており，それゆえに政治，経済，社会に対して，独自のインパクトを与えることができる（坂本，2017：12-15）。

### (1)　サービス供給機能

　政府，企業，家族では十分に満たされなくなったニーズについて，市民社会組織がサービスを供給することで満たす動きが強くなっている。具体的には，福祉，介護，医療，環境，教育，文化芸術，スポーツなどの領域における対人サービス供給がある。

　行政が供給する公共サービスは，無償か安価で，誰でも利用できるというメリットがある。一方で，公平性が優先されるために自分に必要なサービスが必要な時にすぐ手に入るとは限らない。また，企業もサービスを供給するが，サービス内容に応じた対価が支払える者以外は利用できない。これに対し，市民社会組織が提供するサービスには無償と有償が混在し，サービスの内容や規模もさまざまであり，ニーズを抱える人々にとっては選択肢が増えることになる。

### (2)　アドボカシー機能

　アドボカシー（advocacy）とは，「公共政策や世論，人々の意識や行動などに一定の影響を与えるために，政府や社会に対して行われる主体的な働きかけ」を指す。市民社会のアドボカシーは，通常ではなかなか表面化したり伝達されにくい市民の意見が表明され，主張され，伝達されることで，人々の認知や意識を変え，社会の文化や規範，行動様式をも変えていくことが起こる。政治，経済，社会を変革する原動力として市民社会が位置づけられるのは，このアドボカシー機能が重視されるためである。

　アドボカシー機能を発揮するための方法は多岐にわたる（第5章参照）。たとえば，一般市民向けの啓発活動としてセミナーを開催したり調査結果を公表す

ることや，マスメディアを使った記者会見や意見広告の掲載，他団体と協力してネットワークの立ち上げや合同シンポジウムの開催，裁判闘争による判決の積み重ねなどがある。さまざまな社会的課題の発見や解決にむけた提案は，このような市民社会組織によるところが大きい。

### (3)　市民育成機能

　職場や家庭に比べると，市民社会における人間関係は，より多様な年齢，出身，職業，学歴の人々と関わることが多い。さらに，そこでの関係性は，公権力や貨幣価値（給与）の力による義務的・強制的なものではなく，個人の自由意志に基づいて，参加・結成したり，中心的に関わったり，解散したりすることができるものである。市民社会組織に参加することで，他者への信頼や政治への関心が増していったり，話し合いなどの交渉スキルや省察する力などが実践を通じて鍛えられていく。市民社会組織は，年齢を問わずわたしたちが市民として「学ぶ」「成長する」機会を提供し，能動的な市民へと育てる場になっている。

　現在の社会は，ここまで取り上げた4つのセクターによって営まれている。これらは異なる原則で動いており，時に緊張関係を伴いながらそれぞれの役割を果たしている。たとえば，長年，行政の立場から労働・福祉政策に携わってきた村木厚子（元・厚生労働省事務次官）は，印象に残る話として次の言葉を紹介している（村木，2021：85）。

　　0を1にするのはNPOの仕事。現場で問題があることを発見したけれど，その問題を解決する制度は，現状では何もない。だから自分たちで，こうやって手助けしようと言ってゼロを1にするのがNPOの仕事。そして，1を10にするのが学者の仕事。そこで始まった支援の必要性，有効性について理論武装するのが学者の仕事。10を50にするのは企業の仕事。要するに，採算が合うならそのサービスを提供できる。そして，50を100にする

のが行政の仕事。採算が合わなくても，本当に必要なものなら，制度として誰もが受けられるサービスにする。これは行政にしかできない。

　各セクターには優劣があるのではなく，それぞれに特徴や強みと弱みをもっている。自分たちでできることを広げるだけでなく，市民や市民社会組織が自らの限界を知ることもまた，他のセクターとの協働を求めるきっかけになるだろう。

　確かにこの社会は不完全で難しい課題が山積している。そのなかで能動的市民であれという期待は，あなたにとってプレッシャーになるだろうか。「私には関係ない」「自分が何かしたところで社会は変わらない」という無力感は，シティズンシップの理念を学んだくらいで払拭されるほど簡単ではないかもしれない。

　ある学生が指摘したように，「シティズンシップはメンバーシップ」である。普段関わっている団体の中で自分の意見を伝えてみたり，自分が暮らしている地域社会に関心をもってみたりなど，気負わず手の届く範囲で，小さな行動をしてみるだけでもいい。より多くの人がそのような参加と行動をすることで，より良い社会を創りだす可能性は十分にある。なぜなら，未完成なこの社会は常に変化の途上にあるからだ。

　特別な能力や権力をもっていなくても，「ふつうの人」が無理なく，つまりは自分の人生を十分に謳歌しながら，かつ，能動的市民として社会に参加するにはどうしたら良いのだろうか。これはもちろん，若者だけの課題や責任ではないし，今すぐに結果を求めるようなものでもない。本書では，100年続く人生を見越して，「人生を拓く」ことと「社会を創る」ことを両立するためのアイディアやスキルについて考えていきたい。

## Exercise 1

　以下の設定を読み，市民社会組織（【自治会（ご近所）】【囲碁サークル（仲間）】【地域の福祉活動団体（ボランティア）】）が，それぞれAさんのために「できること」「できないこと」を具体的にあげなさい。他の人の考えを聞きながら，市民社会組織の強みや弱みについて，あなたの意見をまとめましょう。

【設定】Aさんは78歳で一人暮らしをしている男性です。地域の自治会役員をやったり，趣味の囲碁サークルに参加しながら，自分で家事を全部やって，自立した年金生活を営んできました。しかし，自宅での転倒をきっかけに，入浴・家事・買い物などに援助が必要になりました。Aさんは，できるだけ住み慣れた地域での自宅生活を続けたいと思っています。

① 政府セクター（行政）：すべての高齢者を十分に介護したいが，税金では限界がある。公平性を保つために判定した結果，Aさんには週1回，ご自宅に訪問しての入浴介護を無償提供することになりました。

② 市場セクター（企業）：わが社は365日，一人暮らしの高齢者に手厚いサービスを提供できます。1時間あたり4,000円で，買い物の代行や病院への付き添いをお引き受けします。ぜひたくさんご利用ください。

③ 親密圏セクター（家族）：息子です。家族と遠方に住んでいます。子どもは大学生で学費も必要だから，まだ仕事は辞められない。父をこちらに呼び寄せて同居したら，父はもう，地元の友人には会えないでしょう。あと少しの間だけでも，父の願いを叶えてあげたいなぁ。

### 📖　引用・参考文献

玄田有史・公益財団法人連合総合生活開発研究所編（2023）『セーフティネットと集団：新たなつながりを求めて』日本経済新聞出版。

小玉重夫（2003）『シティズンシップの教育思想』白澤社。

坂本治也（2017）「市民社会論の現在：なぜ市民社会が重要なのか」坂本治也編『市民社会論──理論と実証の最前線』法律文化社。

笹井宏益・中村香（2013）『生涯学習のイノベーション』玉川大学出版部。

高木仁三郎（1999）『市民科学者として生きる』岩波書店。

村木厚子（2021）『働くことを通して考える共生社会〈大妻ブックレット5〉』日本経済評論社。

## ◆コラム１◆未来を切り拓く私の「原動力」
### ：学生時代の経験から

　私は現在，日常生活を営む市民を支える市役所職員という職に就いている。私が地域全体の奉仕者として社会人としての一歩を踏み出すまでには，東海大学湘南キャンパスを拠点として活動する学生団体，「キャンパスストリート・アクティベーション・プロジェクト（以下，「C.A.P.（キャップ）」とする）」に入ったことや，その活動の中で多くの地域住民および団体関係者と共有した時間が大きく関わっている。しかし，私は最初からこのような活動に参加しようとは決めておらず，大学内で自らの興味に沿って勉学に励み，趣味のテニスもそれなりに続けていくことができれば良いと考えていた。今回，このコラムを執筆していく中で，大学入学前は比較的普遍的な生活を過ごしてきた私が，大学生となって「地域」というコミュニティに深く関わることとなったきっかけと，活動の中での自らの考えについて考察する。そして，C.A.P. を通じて「地域社会」と関わりあうことで社会を創る経験をし，その後，地方公務員として自身の人生を拓いていくに至ったいきさつについて，私の大学時代から今までを振り返りながら伝えたい。

### 学生団体「C.A.P.」との出会い

　私が2022年３月に卒業した東海大学には，チャレンジセンター（現スチューデントアチーブメントセンター）がある。そこは，学部や学科，性格も年齢もさまざまな学生が集い，各プロジェクトで定める目標に向けて，１年間を通して活動を行う場所である。この活動の中で魅力的なのは，普段の大学生活ではなかなか経験することのできないフィールドで，同じ目標をもった仲間とともに活動ができる点である。当時，チャレンジセンターでは20の団体が活動しており，私の通った東海大学の湘南キャンパスでは14の団体がそれぞれ活動をしていた。その中で私が興味を持ったプロジェクト活動団体が「C.A.P.」である。

　C.A.P. は「この街一緒に盛り上げない？」を合言葉に活動する団体である。大学内のサークルなどの団体，地域の飲食店や商店会などを巻き込みながら，地域住民や学生が交流のできる場を創出し，地域を活性化させるようなイベントを企画したり，時には，公共施設などへ足を運び，地域貢献活動や地域との交流に自ら参加するような活動を行ったりしている。

　大学へ入学した際，私には今まで経験したことのないことに挑戦したいという想いがあった。その挑戦の場を探しているところで，チャレンジセンターでの新入生へ向けた活動紹介が行われていた。そこで私は，C.A.P. と出会った。チー

ムで地域交流のできるイベントを作り上げるという規模の大きさと，地域に根付いた伝統ある活動に取り組んでいるという点が，私を動かす大きな魅力であった。さらに，大学周辺地域の飲食店とイベントを企画する機会があることから，自分のお気に入りのお店を見つけることができる点も，大学生活初心者の私にとって魅力的に映ったポイントであった。これらの C.A.P. のもつ魅力や可能性に強く惹かれて，単身，一歩を踏み出した時のワクワクを今でも覚えている。この，新しい環境に向けて進んでいく感覚は，公務員という職に就き，現在所属している部署においても，感じるものである。そして，私が大学生活 4 年間を「地域」というものについて一途に考え，行動した過程が，私を大きな地域社会を支える市役所というフィールドに導いてくれたのではないかと考えている。

## 大学 1 年生で感じた私の変化

　次に，C.A.P. に所属し，チームの一員として地域活性化・地域貢献の取り組みを始めた時期における意識の変化について振り返る。

　C.A.P. のプロジェクト活動に対して無我夢中に活動をしていた頃を振り返ると，現在，私が市で行っている業務と重なる部分が多くあったと思う。つまり，当時，毎週のように日常的に取り組んでいたプロジェクト活動の中で，今の人生を形づくるような実践的な思考力を培う場面があったということだ。特に大きなイベントを企画した際には，その場面に多く直面した。後述する内容は主に私が大学 1 年生の時に経験したことである。

## 音食 WEEK で学ぶ社会的スキルのいろは

　C.A.P. に所属してから，初めて経験した大きなイベントは「音食（おんしょく）WEEK」である。音食 WEEK は 6 月下旬に実施されるイベントであり，入学して間もない，地域のことを未だ深く知れていない学生や地域住民に向けて地域の音楽団体や食店舗などの地域の「楽しい」「美味しい」一面を同時に知ってもらうことを目的に約 1 週間実施されるイベントである。このイベントでは大学構内へ，ダンスや吹奏楽，シンガーソングライターといった「音」に関連する大学近隣地域で活動している団体と，近隣地域で飲食店を営み，地域の「食」を支える方々へ依頼をしてパフォーマンスや出店をしてもらう。

　このイベントでは音と食の 2 つのチームに分かれて，ひとつのイベントを築いていく。私はこの内の食班として，さまざまな飲食店とやり取りを交わすとともに，組織として団体へ接する際の基礎を学んだ。たとえば，飲食店へ出店の依頼をするにもアポイントメントを取ることが必要になるが，その手順の講習会がC.A.P. 内で開催され，経験豊富な先輩とともに各店舗を回るなどしていた。そういった丁寧なサポート体制が組織として引き継がれてきたことで，私もその後

多くの来場者で賑わう音食 WEEK　　　　地域の「音」と地域の「食」を楽しむこ
　　　　　　　　　　　　　　　　　　　とのできるステージ

　の活動の中で後輩に対して順を追って社会的な技術の指導をすることができた。同時に，自らも考え，行動し，実現のために壁を乗り越える力を養うことができたと思う。そして何よりも，利害関係者と主催者とで互いに気持ちよくイベントに参加することのできる環境づくりが重要であり，その環境をつくる大変さと楽しさを体感し理解できたイベントだった。

### クリスマス U-night で気づく地域への愛着

　次に私が経験した大きなイベントは，12月に実施する「クリスマス U-night（ユナイト）」である。このイベントでは，大学の最寄り駅前の広場において，メインとなる高さ約5ｍのもみの生木にイルミネーションを施してクリスマスツリーを設営する。さらに，市内の幼稚園で園児たちと協働して作成した手作りの飾りを駅前に装飾して，ツリーとともに視覚的に地域住民や駅を利用する学生らに楽しんでもらいつつ，イルミネーションの点灯式やクリスマスワークショップイベントの開催を通して地域住民と学生の交流の場を創出することを目指して行われるイベントである。このイベントでは，企画責任者を中心に，イベント企画，クリスマスツリーの設営，広報などの班に分かれて，それぞれ地域活性化や地域交流を促進する工夫をした。

　私は1年生でこの企画のクリスマスツリー設営の責任者として携わった。その際，私はひとつのものを築き上げるのにどれだけの人が関わり，そして協力しあっているのかを体感できたと思う。たとえば，クリスマスツリーをひとつ設営するのにも，モミの木を仕入れて，現場に用意してもらう花屋さん，ツリーを立てる際の足場やイベント時の音響機材を貸出してくれる地域の民間企業，イルミネーションの電力供給などを調整してくれる電気屋さんや商店会の方々，そして身近で相談に乗り，助言をくれる大学の職員など多くの関係者や地域の人々の協力が

必要であることを知った。そして少しだけ視野を広げると，例で挙げた団体や地域の人々をさらに支えているのが公務員であり，その役割に興味をもち，憧れをもつようになった。

　先述した2つのイベントを経験する前，私はC.A.P.という組織の構成員のひとりに過ぎず，団体の目的実現のために動いていると考え，その活動の中で楽しみを見つけ，活動に勤しんでいた。しかし，このイベントで責任者として多方面の人々と交流するにつれて，より広い，「地域の中にあるC.A.P.という組織」の存在について考え，地域が元気になるには，この地域のことを好きになってもらうためには，自分たちの団体は地域からどのようなことを求められているのだろう，と考えるようになった。その後は，より多くの人々に活動の楽しさやC.A.P.のもつ，他の団体にはない魅力を伝えるために，2年次からは広報としてSNSの積極的な活用や報告会での発表に参加した。これらの1年生での経験や気づきがなければ，深く地域社会や団体の存在意義について考えることはなかっただろう。

学生の力で完成していくクリスマスツリー

イルミネーションの点灯式では多くの学生と地域住民が集まった。

## 私の「原動力」とは

　これらの経験を通じて，私はこのC.A.P.の数ある活動の中で，社会で必要となる基礎的な知識を培い，かつ，イベントを企画することによって地域社会の中の一部として社会を創る経験をしてきた。その社会経験は，現在の職業，すなわち地方公務員である市役所での業務の中でも生かされている。ここで現在，市職員として社会を支える一員としての私の話に戻る。私は市民から提出された申請等の事務手続きを行うほか，地域の抱える社会問題，環境問題に関する調査及び報告，地域の団体と交流しながらその取り組みを支援し，時には市主催のイベントの開催を通じて，多くの方々の協力を得ながら市の魅力を市内外の人々へ伝え

る，体験してもらうような業務も行っている。

　私はC.A.P.の多様な活動を自らの興味や関心に沿って継続して行うことによって，自らの人生すらも創っていたと振り返る。そしてそのきっかけとなった取り組みが，C.A.P.での，地域活性化などを目的とした4年間の活動だった。

## 社会人1年目となって考える大学時代との違い

　これらの活動は大学時代に行っていたC.A.P.の掲げていた地域活性の取り組みや考えに重なる部分があり，それは市職員というチームの一員として一つの目標に向けて企画を練り上げ，市主催のイベントを実施するという点である。それと同時に，大学の頃とは異なる点として，市の職員という責任感の大きさや市内全域を対象とした業務としてのフィールドの広さが挙げられる。その中で私は，地域住民の声に耳を傾け，自ら所属する部署は市行政の中でどのような位置づけであり，どれほどの財政規模でどのような形で課題の解決を図り，事業を展開していくべきかを考えている。C.A.P.では大学4年間で地域のために自分たちの組織で何ができるのかを考えたが，現在抱えているこの考え事は，今後，私が市職員である限り考え続けなければならない，重要な問題だと思う。

　私は，大学生の時にC.A.P.で培った，地域社会の一端を創った精神的，技術的な経験をもとに，プロジェクト活動団体へ所属したときよりも大きな期待と責任を背負いながら人間ひとりの人生では踏破できないような広大なフィールドへ一歩を踏み出し，人生を拓いている道中である。このコラムを読んでいる読者も，自らの行動の原点となった部分について考えてみてほしい。何故その学問を学ぼうと思ったのか，何故あのことに興味や関心をもったのかなど，振り返ってみれば自身の人生を拓くきっかけや原動力はそこにあると私は考えている。

（辻陸斗／秦野市役所）

# 第2章 ともに生きる「わたし」や「あなた」を理解する
## ：ステレオタイプや偏見に惑わされないように

　現代社会において，わたしたち市民（citizen）は，社会を担う存在として能動的に社会に参加し，行動する「アクティブ・シティズンシップ」が求められている（第1章参照）。この社会に身を置き，周囲を見渡してみると，そこにはさまざまな人がいることに気がつくだろう。自分と同じような生活をしている人もいれば，まったく異なる生活を送る人もいる。多様な他者とひとつの社会を共有し，互いを尊重しあってよりよく生きていくためには，そこに存在する人々を理解しようとする姿勢が求められる。それと同時に，社会の中での自分自身についても目を向けることが必要である。

　この社会において，あなたはどのような存在だろうか。どんな人たちとともに生きているだろうか。また，そこにはどのような社会的課題があるのだろうか。本章では，社会的アイデンティティやステレオタイプ，偏見とその低減といった社会心理学の知見を借りながら，この社会における自分自身と，ともに生きるさまざまな人々について考えていきたい。

## 1．社会の中の多面的な「わたし」

　あなたはどんな人だろうか。次の例を参考に，自己紹介するようなイメージで考えてみてほしい。

　　東海花子です。太陽大学文学部の2年生で，20歳になりました。映画サークルに所属しています。趣味は読書で，最近は映画の原作を好んで読んでいます。人と話すことが好きで，自分では社交的な人間だと思っています。一人暮らしにも慣れたので，飲食店で接客のアルバイトを始めました。いろんな人と出会えるのが楽しいです。

　こうした自己紹介には，あなたが自分自身をどのような人間だと認識しているか（自己概念）が反映されている。自己概念は，自分自身の性格や能力といった内的な属性に関する「個人的アイデンティティ」と，自分が所属している集団との関わりや社会的な観点から形成される「社会的アイデンティティ」とで構成される（図2.1参照）。これらの情報の組み合わせによって，他の誰とも違う「わたし」が存在することになる。どちらのアイデンティティも，人物を理解する上では重要であるが，本章では特に後者に焦点を当てる。先の花子さんの例でみると，「学生」「20歳（若者）」「太陽大学」「文学部」「映画サークル」「アルバイト店員」といった情報が該当する。

　この他にも，社会的アイデンティティは，国家（国籍），民族，性別，職業，宗教といったさまざまな社会的カテゴリーから成り立っている。カテゴリーとは，ある特徴をもつものを他から区別して分類するくくりのことをいう（上瀬，2002：3）。花子さんの場合，「日本人」「女性」「非正規雇用者」などが当てはまる。「わたし」という一人の人間は，複数のカテゴリーで表現される多面的な存在であることがわかる。

　どのレベルのアイデンティティをもつか（たとえば「文学部」か「日本人」か）は，自分と周囲の他者との類似性をもとに，自分の周りにどのように境界をつくれば，境界の内側が，境界の外側よりもまとまりがよく（境界内の差異が小さく）なるかを検討して決定される（畑中，2011：183）。わたしたちは，それ

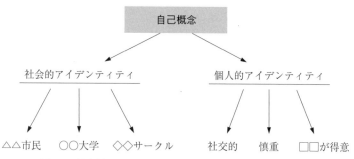

**図2.1　社会的アイデンティティと個人的アイデンティティ**
出典：遠藤（2008：119）をもとに筆者作成

それのアイデンティティの側面から社会とつながりをもっており，その延長線
上に社会的課題が存在している。たとえば「大学生」という立場では，アカデ
ミックハラスメントや長期にわたる奨学金返済がもたらす問題があったり，「ア
ルバイト店員」という立場では，学業との両立やブラックアルバイト，カスタ
マーハラスメントの問題があったりする。現時点でこのような問題に直面して
いるわけではなくても，自分と同じ大学生が今まさに困難を抱えていたり，あ
るいは，今後自分自身が向き合うことになる可能性もある。

　改めて，あなたはどのような存在であるか，考えてみよう。その内容は，あ
なたが自分自身をどのように認識しているのかが反映されるわけだが，同時に，
社会（周囲の人々）からそのような存在として認識されているということでも
ある。

## 2．同じ社会をともに生きる多様な他者

　今度は，あなた以外の人々に目を向けてみよう。この社会にはどんな人がい
るだろうか。普段から関わりをもっている人だけでなく，直接関わる機会はな
いけれど，ともにこの社会を生きる人々についても考えてみよう。表2.1を参
考に，あなたの社会的カテゴリーに対比させる形で挙げていくと考えやすいだ
ろう。

表2.1　自分の社会的アイデンティティとの対比から異なる他者について考える

| あなた（例：東海花子） | その他の人々（例） |
| --- | --- |
| 日本人 | 外国人（○○人） |
| 女性 | 男性，その他 |
| 20歳（若者） | 子供，大人，高齢者… |
| 大学生 | 就学前の子供，中学生，社会人… |
| 文学部（文系） | 理系，△△学部 |
| 映画サークル | ◇◇サークル，□□部 |
| アルバイト店員 | 顧客，正社員，無職業者 |

　直接関わりのある人については，具体的な人物を思い浮かべれば考えやすい
が，普段接点をもたない人について考えるのは難しいかもしれない。そんなと
きは，社会調査で用いられている項目などを活用してみるのもいいだろう。表
2.2は令和2年国勢調査で用いられた調査票をもとに，いくつかの属性につい
てカテゴリーを並べたものである。自分に当てはまるものを選択していくと，
残った項目は必然的に自分とは異なる他者の特徴を示すものとなる。こうした
カテゴリーの組み合わせによってただ一人の人物が表現される。この社会は，
実に多様な人々で構成されていることがわかるだろう。

表2.2　属性及びカテゴリーの例

| 属　　性 | カテゴリー |
|---|---|
| 年齢 | 子供，若者，成人，高齢者 |
| 性別 | 男性，女性，その他 |
| 国籍 | 日本，外国（○○国） |
| 家族続柄 | 世帯主，配偶者，子，父，母，祖父，祖母，孫，その他 |
| 婚姻状況 | 未婚，既婚，死別，離別 |
| 教育歴 | 未就学，小学，中学，高校，短大・高専，大学，大学院 |
| 仕事・就業形態 | 正規職員・従業員，派遣社員，パート・アルバイト，自営業，休職中，求職中，その他 |

出典：令和2年国勢調査調査票（総務省統計局，2020）をもとに筆者作成

## 3．人々の特徴や生活をイメージし，関連する社会的課題について考える

　前節では，社会的カテゴリーの観点から，同じ社会を共有する自分とは異な
る人々について考えた。ここではより具体的に，どのような人なのか，どんな
生活をしているのかを考えてみたい。たとえば「高齢者」「外国人」など，自
分とは異なるカテゴリーに属する人々に対して，あなたがもっているイメージ
を書き出してみよう。

　表2.3は，平成15年度年齢・加齢に対する考え方に関する意識調査（内閣府

表2.3　「高齢者」や「お年寄り」に対するイメージ

| | 20代 | 30代 | 40代 | 50代 | 60〜64歳 | 65〜74歳 | 75歳以上 |
|---|---|---|---|---|---|---|---|
| 心身がおとろえ, 健康面での不安が大きい | 74.1 | 74.1 | 76.3 | 79.5 | 67.2 | 65.8 | 63.3 |
| 経験や知恵が豊かである | 51.9 | 53.4 | 51.0 | 40.7 | 38.2 | 32.6 | 28.4 |
| 収入が少なく, 経済的な不安が大きい | 28.4 | 33.3 | 28.9 | 37.9 | 36.6 | 35.0 | 26.9 |
| 時間にしばられず, 好きなことに取り組める | 24.1 | 27.6 | 30.3 | 28.7 | 33.7 | 32.9 | 34.5 |
| 古い考え方にとらわれがちである | 34.1 | 25.8 | 29.2 | 27.4 | 24.1 | 24.0 | 24.2 |
| 周りの人とのふれあいが少なく, 孤独である | 17.2 | 14.6 | 17.7 | 24.9 | 22.9 | 20.1 | 17.4 |
| 健康的な生活習慣を実践している | 8.5 | 9.2 | 9.8 | 8.4 | 12.3 | 16.5 | 18.6 |
| ボランティアや地域の活動で, 社会に貢献している | 4.9 | 6.0 | 7.4 | 6.7 | 8.5 | 10.4 | 12.1 |
| 貯蓄や住宅などの資産があり, 経済的にゆとりがある | 9.3 | 7.4 | 9.8 | 7.5 | 3.9 | 4.4 | 4.5 |
| 仕事をしていないため, 社会の役に立っていない | 3.0 | 2.6 | 2.5 | 4.3 | 7.9 | 12.8 | 14.8 |

出典：内閣府政策統括官（共生社会政策担当）（2004：9）に基づき筆者作成

政策統括官（共生社会政策担当），2004）において，「高齢者」や「お年寄り」に
対するイメージをたずねた結果を示している[1]。

　どの年代においても，「心身がおとろえ，健康面での不安が大きい」がもっ
とも多く選択された（63.3〜79.5％）。「経験や知恵が豊かである」は20代から
40代にかけて半数以上が選択しており（51.0〜53.4％），「健康的な生活習慣を
実践している」「ボランティアや地域の活動で，社会に貢献している」「仕事を
していないため，社会の役に立っていない」は，全体的に割合は低いものの，
65歳以上で少し高くなっているなど，回答者の年齢によって高齢者に対するイ
メージは異なることがわかる。また，ネガティブなイメージとポジティブなイ
メージと，両方向のイメージがもたれているようだ。

　では改めて，あなたが高齢者に対してもっているイメージはどのようなもの
だろうか。また，その高齢者は，この社会でどんな生活をしているだろうか。
困っていることや不安に感じていることはないだろうか。解決が求められてい
る社会的課題についても考えてみよう。加えて，高齢者だけでなく，この社会
をともに生きるさまざまなカテゴリーの人々について，具体的に特徴や生活を
イメージした上で，関連する社会的課題について考えてみてほしい。

## 4．異なる他者に対するステレオタイプや偏見

　わたしたちは，特定のカテゴリーの人々に対して，固定的で画一的なイメー

ジを抱くことがある。これをステレオタイプという。ステレオタイプは，「人々
を分けるカテゴリーに結びつき，そのカテゴリーに含まれる人が共通してもっ
ていると信じられている特徴」と定義される（上瀬，2002：2）。「日本人は真
面目で勤勉である」「女性は感情豊かだ」といった例が挙げられる。ステレオ
タイプによって型にはめて認識することによって，情報処理における認知的負
荷を軽減し，少ない労力で相手を理解することができる利点があるが，その反
面，個人の特徴を無視した判断を招いてしまったり，偏見や差別につながるお
それがある。

　たとえば，年齢に関するステレオタイプは「エイジズム（ageism）」と呼ば
れ，「ある年齢集団に対する否定的もしくは肯定的なあらゆる偏見と差別」と
定義される（Palmore, 1999）。これは，人種差別，性差別に次ぐ「第3のイズ
ム」として，もっとも広く蔓延している差別・偏見のひとつと考えられている
（竹内・片桐，2020：355）。高齢者に対する肯定的なステレオタイプとして，「穏
やか」「賢い」「幸せ」といったものがあるが（竹内・片桐，2020：357），一般
に，高齢者に対するイメージというと，「病気」「弱い」「老衰した」「記憶力が
悪い」「頑固」「役にたたない」などの否定的なステレオタイプが抱かれやすい
（e.g., 竹内・片桐，2020：357；大谷・松木，1995：25）。

　外国人に対するイメージを調査した渋谷ほか（2011）は，アメリカ人，韓国
人，中国人，アフリカ人，日本人について，20項目の形容詞を並べて，イメー
ジにあてはまるものを選択させて分析し，図2.2に示す結果を得た。中国人と
韓国人は「気性が激しい」「自己主張が強い」，アメリカ人は「個人主義」「遊
び好き」「なまけ者」，アフリカ人は「陽気」「リズム感がよい」といったイメー
ジがもたれていた。


　前節において，高齢者や外国人など，この社会をともに生きるさまざまなカ
テゴリーの人々について，具体的に特徴や生活をイメージしてもらったが，そ
の際，材料となる情報はどのようなものだっただろうか。たとえば高齢者につ
いて，祖父母や近所の人など，身近にいる高齢者を思い浮かべて考えたかもし

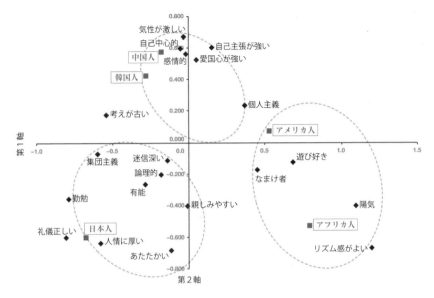

**図2.2　日本人が抱く外国人に対するイメージの構造**

出典：渋谷ほか（2011：109）

　れない。外国人についても同様に，自分自身の海外渡航経験や身近にいる外国人と交流した経験をもとに考えることもあるだろう。そのような具体的なモデルや直接の経験がない場合には，テレビやインターネットなどのメディアを通して得た情報をもとに考えたかもしれない。

　ここで注意が必要なのは，自分が属していないカテゴリーの人や，接点が少なかったり情報を得にくい少数派の人たちなどは，ステレオタイプが形成されやすいことである。また，メディアに取り上げられたり描かれたりする内容には，多様性の欠如や現実とのずれがあることを指摘する研究は多く，やはりステレオタイプの形成につながるおそれがある（たとえば，テレビ広告を対象に外国人の描かれ方を分析した日吉（2001）や，テレビドラマにおける職業描写を分析した田島ほか（2019）など）。なかでも否定的なステレオタイプは，偏見や差別を生み出しかねない。このような偏りのある見方をベースにそのカテゴリーの人々が抱える社会的課題について考えても，それは現実に存在するものとは乖

離してしまう可能性がある。不確かなイメージで考えるのではなく，リアルな情報に基づき，実態に即して考えることが大切である。

## 5．直接的な情報やデータに触れる

　偏見や差別の問題に立ち向かうために，社会心理学の分野を中心に，非常に多くの研究が蓄積されてきた。代表的な理論のひとつに「接触仮説（Allport, 1954）」がある。基本的な考え方は，「自分とは異なるカテゴリーの他者に対してネガティブな認知や感情，行動が生じるのは，その集団のことをよく知らないからである。接する回数を増やして互いに理解を深めることで，偏見を減らしていく」というものである。これは，単に同じ部屋にいるようにすればいいといった単純なものではなく，次の4点が重要な前提条件とされている。

　①地位の対等性：集団同士が，あるいは双方の集団の成員が接触する際には，両者の間に地位の高低がないこと。

　②親近感：成員間の接触の機会をできるだけ増やし，個人同士として親密な関係が築けるようにすること。

　③協力関係：両者が共通の目標に向かって協力関係を築けるようにすること。

　④制度的・規範的支援：法や制度による支援または強制，あるいは世論などによる規範的影響があること（唐沢，2011：50-51）。

　研究のために実験的に用意された環境ではなく，日常的な交流の中でこれらの条件をすべて整えるのは容易ではないが，数多くの研究結果に関するメタ分析によると，接触による全般的な効果は確かに認められるという結論が導かれている（Pettigrew & Tropp, 2006）。その他の研究からも，ただ同じ地域に住むだけでなく，話をしたり，いっしょに何かをしたりするような直接経験が必要であることが示唆されている（渋谷，2017：134）。たとえば，共通の志をもって活動するボランティア（第4章）や社会運動（第5章）なども，多様な他者と行動をともにし，互いの理解を深める良い機会になるといえる。

　何らかの制約によって，自分自身が直接接することが難しい場合，資料を通してそのカテゴリーの人々の実情を知り，理解を深めることも有効だろう。たとえば社会調査のデータなども活用できる。高齢者に関しては，高齢社会対策に関する調査（https://www8.cao.go.jp/kourei/ishiki/kenkyu.html）や高齢社会白書（https://www8.cao.go.jp/kourei/whitepaper/index-w.html）などにおいて，さまざまな調査結果が公表されている。また，行政が公開している高齢者保健福祉計画などの資料にも，高齢者の実態に迫るデータが報告されており，この社会での生活を知り，そこで生じる社会的課題について考えを深めることができる。

　わたしたちは，多面的な自己をもってこの社会で生活し，直接あるいは間接的に多様な他者と関わりをもっている。まずはそうした他者の存在を認識し，理解しようとする姿勢をもつことが大切である。その際は，情報に偏りがないよう，直接交流する機会をもったり，資料を通して立体的に理解を深めるなど，ステレオタイプや偏見に惑わされないよう留意したい。

　あなたも含め，多様な人々が生活しているこの社会には，さまざまな社会的課題が存在する。今まさに，自分自身が困っているわけではない場合，存在に気が付かなかったり，自分とは関係ない，できることはないと考えたりするかもしれない。しかし，一つの社会を共有している以上，それはあなたの生活の延長線上にあり，決して他人事とはいえないのである。自分事として認識し，解決の一端を担う存在としてできることを考えていきたい。

　最後に，品川区による高齢者に関する啓発文書を添えて，本章を閉じることとする。

### 「高齢者はこんな人」と思いこんでいませんか？

「老い」は誰にでも必ず訪れるものです。しかし，若い時には自分の課題として，具体的に考えることは難しいのが実際のようです。

高齢者を一律に弱者ととらえるなど，「老い」に対する枠にはまった考え方が，高齢者の生活や生き方，ひいては自分の人生を貧しくしているようなことはないでしょうか。世代を超えて全ての人達が，いきいきと暮らせる地域社会をつくることは，私達みんなの責任です。そのためには，まず自分でできることから始めてみませんか。

私達が「老い」に対し，持っているイメージはどんなものでしょうか？　ともすれば「衰えたもの」「保護されるべきもの」など，マイナスの，それも画一化されたイメージでとらえがちではないでしょうか。

しかし，実際は，高齢者の9割は元気で活動している人達であり，健康状態，所得や資産，家族構成等の統計的なデータからだけでも，様々な高齢者の状況が浮かんできます。ましてや，高齢者一人ひとりにとって，人生のフィナーレをそれぞれに自分らしく飾りたいという思いは，人生のどの時期にもまして切実な願いといえるのではないでしょうか。

高齢者が，今まで培った，個性，経験，知恵を活かしながら，自分らしく生きていける社会を実現するためには，若い世代を含めた，全ての世代の間の支え合いが必要です。そして，それを支えるのは，他者の人生も自分の人生もともにかけがえのないものと考え，その実現を願い，実践する私達一人ひとりだといえるのではないでしょうか。

そんな思いを，世代の違いや，考え方の違いを超えた様々な人達との交流の中で育てていくことが今とても大切です。まず，自分でできることから始めてみませんか。身近なお年寄りに対して，きまり文句のあいさつではなく，あなたにしか，そして，その人にしか語りえないことばで語りかけてみてはいかがでしょうか。そこから私たちにとっての新しい生き方もみえてくるかもしれません。

（品川区 HP より。段落分けは筆者が改変）

https://www.city.shinagawa.tokyo.jp/PC/kuseizyoho/kuseizyoho-zinken/kuseizyoho-zinken-keihatsu/kuseizyoho-zinken-keihatsu-sasshi/hpg000000957.html（最終アクセス 2024年1月28日）

# Exercise 2

(1) まわりの人と自己紹介し合い，互いにどのような社会的アイデンティティを
もっているか確認してみよう。
(2) 同じ社会をともに生きる多様な他者に目を向け，具体的に人物像を想定した
上で，直面しうる社会的課題を挙げてみよう。
(3) 本文では，高齢者に関する調査データを紹介しました。その他のカテゴリー
に関しても，官公庁や民間企業などが行い，公表されている調査について調
べてみよう。

## ✎ 注

(1) 2004年2月27日から3月14日に，全国の20代以上の男女6,000人を対象に調査を実施
したものである（有効回答数3,941人）。『あなたは，「高齢者」「お年寄り」という
と，どのようなイメージを持っていますか』という質問に対して「無回答」を含む11
の選択肢を提示し，特に当てはまると思うものを3つまで選択させている。表2.3は
「無回答」を除く10項目の年齢別の集計結果を示している。

## 📖 引用・参考文献

Allport, G. W. (1954) *The nature of prejudice*, Cambridge, MA : Addison-Wesley.（原谷
達夫・野村昭訳（1968）『偏見の心理』培風館）。

遠藤由美（2008）「自己認知」池上知子・遠藤由美著『グラフィック社会心理学　第2版』
サイエンス社。

日吉昭彦（2001）「テレビ広告のなかの『外国人』登場人物像とその変化」『年報社会学論
集』14，89-101。

畑中美穂（2011）「自分と他の人と集団との境界：ターナーの自己カテゴリー化理論」齊
藤勇編『図説　社会心理学入門』誠信書房。

上瀬由美子（2002）『ステレオタイプの社会心理学：偏見の解消に向けて』サイエンス社。

唐沢穣（2011）「集団間の関係」唐沢穣・村本由紀子編著『展望現代の社会心理学3　社
会と個人のダイナミクス』誠信書房。

内閣府政策統括官（共生社会政策担当）（2004）「平成15年度年齢・加齢に対する考え方に
関する意識調査結果」。
https://www8.cao.go.jp/kourei/ishiki/h15_kenkyu/pdf/0-1.html（最終アクセス　2023
年11月30日）。

大谷英子・松木光子（1995）「老人イメージと形成要因に関する調査研究(1) 大学生の老人
イメージと生活経験の関連」『日本看護研究学会雑誌』18(4)，25-38。

Palmore, E. B. (1999) *Ageism : Negative and positive* ( 2 nd ed.) New York : Springer. (鈴木研一訳 (2002)『エイジズム：高齢者差別の実相と克服の展望』明石書店)。

Pettigrew, T. F., & Tropp, L. R. (2006)"A meta-analytic test of intergroup contact theory," *Journal of Personality and Social Psychology*, 90(5), 751-783.

渋谷明子 (2017)「エスニシティ」李光鎬・渋谷明子編著『メディア・オーディエンスの社会心理学』新曜社。

渋谷明子・テーシャオブン・李光鎬・上瀬由美子・萩原滋・小城英子 (2011)「メディア接触と異文化経験と外国・外国人イメージ―ウェブ・モニター調査 (2010年 2 月) の報告(2)―」『メディア・コミュニケーション：慶応義塾大学メディア・コミュニケーション研究所紀要』61, 103-125。

総務省統計局 (2020)「国勢調査調査票」
https://www.stat.go.jp/data/kokusei/2020/pdf/chosahyo.pdf (最終アクセス 2023年11月30日)。

田島祥・祥雲暁代・麻生奈央子・坂元章 (2020)「テレビドラマの職業描写に関する内容分析―勤労観および働くことに対する価値観の描かれ方―」『東海大学現代教養センター紀要』 4 , 59-72。

竹内真純・片桐恵子 (2020)「エイジズム研究の動向とエイジング研究との関連：エイジズムからサクセスフル・エイジングへ」『心理学評論』63(4), 355-374。

## ◆コラム2◆助けてもらうことは大切なこと
### ：看護の世界から

**拾う神に助けてもらっていた私**

　高校1年生の3学期，担任の先生との進級と進路についての面談の際，「看護師はどう？」と言われ，母にそのことを伝えると「手に職も尽くし，いいんじゃない？」と言われたことがきっかけとなって，看護学部への進学を目指すことになりました。現在，教員として学生さんと関わると，「看護師になりたいので，看護学科に進学しました」というだけでなく，TVドラマの影響もありますが，特に付属病院にはドクターヘリがありますので，「フライトナースになりたい」，子どもの時の入院経験から「小児科の看護師になりたい」といったように，目的意識をしっかりもった学生さんが多く，自分はなんと呑気に選択したのだろうと今更ながら思うことがよくあります。しかも，類は友を呼ぶとでも言えばいいでしょうか。大学時代から特に親しくしている友人たちも，「絶対に看護師になる！」と一直線で，それ以外見えてないという感じではなく，「今日の授業，日本語なのに，意味がよくわからなかった」と，看護界のレジェンドと言って差し支えない先生方の講義を受けていたにもかかわらず，ありがたみのない言葉を吐いていた学生時代を過ごしていました……。

　私の学生当時，4年生の時期が就職活動の時期であったと記憶しています。看護師以外の職業も何故か視野に入れていた私は，ある日気がついてしまいます。就職活動というのは平日にする。そうすると，臨地実習に行けない（休む）。休むと単位が取れない。単位が取れないと，卒業できない！！！ということに……。臨地実習との兼ね合いもあり，4年生の夏に就職活動（病院訪問）を行なっていたのですが，同級生たちが連れ立って病院訪問を行っているのを尻目に，何故か私はひとりで病院訪問に行っていました。行った病院は2つだけなのですが，病院内のあちらこちらを案内して下さったり，ゆっくりと時間をとってお話をしてもらったりしました。就職が決まった後から同級生と話してわかったのですが，今でいうインターンシップのような対応をしてもらえていたようです。最初に行った病院では，病棟責任者（看護師長）と看護部長が，ひとりで来た私のことを面白がって下さり，「あなた，うちにいらっしゃい。提出する履歴書にも，うちが第一希望ですって書いといて」と言われ，これまた呑気な私はその通りに履歴書を書き，その病院に無事に採用となります。当時はすでに平成でしたが，古き良き昭和の名残りに拾ってもらったと思っています。ですが，自分が気がついていなかっただけで，拾う神がいたおかげで，無事に就職にまで辿り着けたのだ

と思います。そして，臨床を離れた時期もありますが，看護師としてリハビリテーション専門病院，総合病院での約10年の臨床経験と，体調を崩して入院したり，引きこもりの生活をしたりと紆余曲折を経ながら，またも拾う神が現れてくれて看護系教員となりました。

## 看護も協力と支え合い

　最初に就職した病院は，リハビリテーション専門病院でした。脳出血や脳梗塞等の脳血管疾患，交通事故等の受傷等によって後遺症として身体の麻痺があったり（たとえば，右半身麻痺），言葉がうまく話せなくなった（失語症）りした患者さんが，社会復帰を目的に約3カ月入院する病院です。社会復帰と言っても，患者さんそれぞれで社会復帰の目標は異なります。また働けるように職場復帰を目標としている方もいれば，自分で身の回りのことをできるだけやりながら自宅で生活をすることを目標とされる方もいらっしゃいます。その方の役割によって何を目標とするかは異なっています。自分でできることは自分で行う，自立を目指すことが多くの患者さんに共通していましたが，患者さんによっては麻痺が重度であり，自分でできることが多くはないため，ご家族や社会的資源を活用して介護を受ける，支援を受ける準備を整えて社会復帰される方もいらっしゃいました。社会復帰に向けたリハビリテーションを目的とした入院ということもあり，患者さんは起床時にパジャマから活動しやすい洋服に着替え，食事は食堂で摂り，日中はリハビリテーションのために病室以外で過ごし，夕食後に洋服からパジャマに着替えて寝るといった，場所こそ病院ですが，普段の生活と近い過ごし方をされていました。基本は病棟の設備とはなりますが，ベッドやトイレはその患者さんの身体状況，麻痺の程度，得られる介護力，退院後に生活する場所等を考慮して，ベッド柵は可動式のものを使用したり，リハビリテーションの際に行っていることを病棟の生活の中でも実際に行ったり（できるADLをしているADLにする），患者さんと一緒に工夫する看護を実践していました。ADLとは，Activity of Daily Livingの略で，日常生活動作，食事や更衣，排泄，入浴等の日常生活の中で行っている動作のことです。「できるADLをしているADLにする」ことは，リハビリテーションで行っていることを日常生活の中でも行うことであり，リハビリテーションの場で行っているからそれでよしではなく，その人がその人らしく生きていくことができるように，実際の生活の中で行えるように，環境を調整していくことも含まれています。リハビリテーションを担当するPT（Physical Therapist，理学療法士）・OT（Occupational Therapist，作業療法士）・ST（Speech-Language-Hearing Therapist，言語聴覚士）の方たちと情報を共有し，協働しながら，その患者さんに合った環境を調整するという看護の中での当たり前のことの大切さだけでなく，同じ医療職としての連携の重要性を実践

の中で学び，看護師として多職種連携の一端を担っていました。医療の現場において多職種連携は当然のこととして行われていますが，この経験は私の看護観の基盤にもなっています。看護師としてできること，実践すべきこと，他の医療職者に委ねることを見極め，協働することが，患者さんにとって最善，最良となるような看護の提供になると考えています。

　私自身は臨床現場を離れてはいますが，臨地実習の際に学生さんと一緒に患者さんのケアを実践させていただく機会があります。その患者さんに必要な看護は何であるかを考え，患者さんを支える実習病棟の医療チームの一員として，しかしながら，今の自分の立場はあくまでも実習指導を担う教員ですので，受け持ちの主体は学生さんであることを考慮しながら，学生さんと一緒に責任をもって看護を行っています。患者さんを目の前にして看護を実践している際には，学生さんと一緒ではありますが，個として独立しています。しかし，実際には，先に述べた医療チームの一員という言葉の通り，チームメンバー（病棟スタッフ）と協働しながら，患者さんその人に必要な看護を担っています。医療現場では，個々の医療職者が独立して責任をもって行動していますが，患者さんを中心にそれぞれの医療職が協力しあっています。私たちが生きている社会もこれと同じようなことが言えるのではないでしょうか。

### 自分も助けてもらう立場

　東海大学の特色ある授業である「シティズンシップ」ですが，初めてこの講義を担当することが決まった時にはとても戸惑いました。自分自身が看護の世界を中心に人生を重ね，大学でも所属しているのは看護学科であり，恥ずかしいことに自分自身とシティズンシップを引き付けて考えたことがなかったのです。講義開始までの決して長かったとは思えなかった準備期間の中で，シティズンシップとは何かということを自分自身も学びつつ，その過程で「受援力」という言葉に出会いました。受援力とは，「ボランティアの援助を受け入れる能力のこと。特に，災害の被災地における，住民個人のレベルから行政レベルまでの，災害ボランティアの受け入れを指すことが多い」と新語時事用語辞典で定義されています。内閣府の防災情報の web ページでもパンフレット「防災ボラティア活動の多様な支援活動を受け入れる～地域の『受援力』を高めるために」が紹介されています。阪神・淡路大震災が起きた1995年は日本のボランティア元年とも称され，全国各地の被災地で防災ボランティア活動が大きな役割を果たすきっかけともなりましたが，災害時のボランティア活動の課題も明らかになり，そこから受援力という考えが生まれています。さらに受援力について調べていくと，受援力というのは「誰かに助けを求める行動ができること」でもあるという考えに出会いました。

「援助を受け入れる」「誰かに助けを求める」という表現にハッとさせられました。私は，看護師であるということ，患者さんを支える役割を担うということを自分のアイデンティティとしているからかもしれませんが，自分が何らかの支援を提供する立場として考えており，自分自身も支援を受ける立場であるという視点に欠けていたのです。自分自身が患者さんへの看護を実践するというどちらかといえば誰かを助けることに慣れていることもありましたし，ボランティアという言葉から想像するのは自分が助けを受けるのではなく，何か自分ができることを相手のために行うことで，自分がボランティアを受ける側になるということへの意識がありませんでした。勿論，これまでの人生において，決して誰かに助けを求めてこなかったわけではありません。看護という仕事の中でも，同じ勤務帯のメンバーのみならず，他病棟や多職種のスタッフとも協働してきました。それにもかかわらず，自分がボランティアを受ける側になることがまったく想像できていなかったのです。これには，自分自身とても驚きました。

## 「助けて」も，「助ける」も，自分のことと相手のことを考える

大学生になるとこれまで以上に活動範囲が大幅に拡がり，交友関係も拡がりますが，一人暮らしを始めたり，大学生活にうまく馴染めなかったりして，かえって孤立してしまう，孤独が強まることもあることにも思い当たりました。学生さんが困った時に「助けて！」と言える，助けを求める行動ができると，新たに始まった大学生活だけでなく，その先の人生でも有用になる，生きにくさを生きやすさにすることもできるのではないかと受援力を授業のテーマとしました。これは大きな理由ですが，それだけではありませんでした。

たとえば，患者さんが支援を必要とされるような状況にあることを把握すると，医療機関の担当部署が，その患者さんや患者さんに関わってくれる周囲の人々と相談しながら，必要な支援を得られるよう情報提供や手配を行っていきます。しかし，医療機関等とのつながりがないような環境であると，困りごとを抱えているご本人からの依頼，もしくは困りごとを抱えている人がいることに気づいた周囲の人からの依頼がなければ，支援が得られるようにはならないのです。待っていても，誰も手を差し伸べてはくれないのです。自分から助けを求められることが，困った時にどうしたらいいかという時の解決手段になったり，困っている人にどのように助けになれるかを知るきっかけになったりするのではと期待をしたことも，受援力をテーマにした理由です。

看護では，看護師が提供するケアを患者さんがどのように考えるだろうか，どのように感じるだろうかということを，患者さんの皮膚の内側に入った視点で想像することが求められます。この視点は，相手の立場に立つということでもあり，患者さんに寄り添うということでもあると考えます。この相手のことを思い遣る，

　相手の立場になって考えるという寄り添いは，困りごとを抱える人を助ける時だけでなく，自分と相手の視点を行き来することで，自分自身を知る，自分自身を見つめることにもなります。自分がどのような状況にあるのかに気づき，自身の状況を受け入れることができれば，受援力を高めることにもなるであろうと考えています。誰かの助けを受け入れることは，助けようとして手を差し伸べている相手にとっては，自分が手を差し伸べていることを受け入れてもらえる，助けを受け入れてもらえることでもあります。それは，手を差し伸べている人にとっての受援力とも言えるのでないかと思います。

　しかし，これを行動に移すとなると，決して容易なことではありません。自分が困っていても，必ずしもすぐに助けを求められるとは限りませんし，自分で何とかしなければならない，他人に迷惑をかけたくないと考えることもあります。また，何でも人に頼めばいいというものでもないと思います。お互いが気持ちよく過ごしていくためには，相手を思い遣った気遣いも大切です。

　一生懸命に患者さんのことを考えて行った看護でも，うまくいかないこともあります。たとえば，洗髪の際に上手にお湯をかけられずに患者さんの首元をぐっしょり濡らしてしまったり，ケアに時間が長くかかり過ぎて患者さんへの負担を増やしてしまったりすることがあります。患者さんにうまくいかなかったことを謝罪し，それでも看護を受けてくださったことの感謝を伝えるのですが，そのうまくいかなかったこと，謝罪を受け入れてくださるだけでなく，行った看護に対して感謝の言葉をいただくことがあります。「自分がして欲しいことをしてくれて，ありがとう」と。患者さんに負担をかけてしまっただけでなく，気まで遣わせてしまったことをとても申し訳なく思うのですが，看護を受け入れてもらえたこと，言葉で患者さんが気持ちを伝えてくださったことをとても嬉しく思います。

### 「助けて」と言える，伝えること

　自分が患者となって入院した時のことです。真夜中に同室の年配の患者さんがゴソゴソする物音が聞こえて目が覚めました。「この人，転ぶのでは」と思った瞬間，ドンという物音が響きました……。駆けつけた看護師とその方とのカーテン越しに聞こえてきた会話から，探し物をして転んだようでした。夜中だったというのもありますが，「こんなことを頼んではいけない」と考えてのことだったようです。勿論，看護師として対策を講じていないわけではありませんが，患者さんは，「看護師さんは忙しそうだから，こんなことを頼んではいけない」と考え，頼みたくても頼まない，自分の希望や欲求を控える方がいらっしゃる現実があります。これはまた医療現場として別の問題が含まれていることも強調はしたいのですが，「助けて」と言えることが大切だと改めて考える機会でもありました。看護師としてもまた考えさせられました。

　授業当時の学生さんは，見えていた限りでは元気で健康そうで，自分たちが助けを受けたことを振り返って挙げてもらったことはちょっとした困りごとが多かったように記憶しています。大きな困りごとを抱えていても，授業の中で表出することが困難であったのかもしれません。自分だけでは解決することが難しい困りごとを抱えてしまった時は，周囲に助けを求めてほしい，助けてと言えるようになってほしいという思いを込めて授業を担当していました。誰かに助けを求めること，「助けて」と伝えることは，よくないことではありません。ましてやわがままでも，自己責任でもありません。心配をかけたくない時もあると思います。困難に直面しても諦めずに立ち向かうことは自身の成長にもつながる大切な機会だと思います。けれども，それは決して一人だけで，自分の力だけで成し遂げなければならないことではありません。困難を抱える時こそ，自分が誰かに助けを求める力である受援力を発揮し，「助けて」と周囲の人々に伝えて下さい。自分が助けてもらうことが，周りをも助けることになると考えてみて下さい。

（矢口菜穂／看護学）

**引用・参考文献**

内閣府（防災担当）「防災ボランティア活動の多様な支援活動を受け入れる地域の『受援力』を高めるために（PDF）」

　　https://www.bousai.go.jp/kyoiku/pdf/juenryoku.pdf（最終アクセス2023年5月26日）

Weblio辞書.新語時事用語辞典「『受援力（じゅえんりょく）』の意味や使い方　わかりやすく解説」

　　https://www.weblio.jp/content/%E5%8F%97%E6%8F%B4%E5%8A%9B（最終アクセス2023年5月26日）

# 第3章 制度化された社会参加
## ：選挙・パブリックコメント・公募委員

　市民社会セクターの拡大により，市民が社会に参加することはますます重要になってきた（第1章参照）。そのことは，行政や司法への市民の参加を保障・促進するさまざまな制度が，21世紀になって拡大・充実してきたことからも確認できる。本章では，わたしたちの社会参加を支える基本的な制度について学ぶことを目的とする。

　制度と言われると，不動不変で固定的なイメージをもつ人もいるかもしれない。しかし，制度もまたこれまでの社会の中で人々の意思と力によってつくられたものであり，この先も変わりゆくものである。ここでは，そんな制度の成立や変化にも関心を払いながら，3つの制度について解説しよう。

　具体的には，選挙（第1節），パブリック・コメント（第2節），公募委員（第3節）を取り上げる。

## 1．選挙：「社会の正当な構成者とは誰か」をめぐって

　言うまでもなく，民主主義国家の基本として，選挙が公正に実施されその結果が尊重されることはきわめて重要である。現在の日本では，国政選挙（衆議院議員選挙・参議院議員選挙など）における選挙権は，「日本国民で満18歳以上であること」（公職選挙法第9条）が条件になっている。また，都道府県（市区町村）での選挙権は「日本国民で満18歳以上であり，引き続き3カ月以上その都道府県内（市区町村）に住所のある者」に与えられる。

　この基本を確認するだけで，選挙とは「そこに暮らすすべての人」が投票できるほど単純な仕組みではないことに，改めて気づかされる。たとえば，18歳未満の場合，自分に関わる政策についてどれほど切実な意見や要望をもっていても，年齢を理由に投票は認められない。また，外国人の選挙権・被選挙権も

認められていない。日本社会に深く根付いて生きてきた在日コリアンの人たちや永住権をもつ外国人，国際結婚や日本で生まれ育った外国ルーツの人などでも，日本国籍がなければ，選挙で投票することや立候補することはできない。さらに，罪を犯すことは，市民としての政治的権利を一時的に剥奪されることを意味する。公職選挙法には選挙権を失う条件（消極的要件）が規定されているが，たとえば刑務所に入っている場合など（「禁錮以上の刑に処せられその執行を終わるまでの者」）は，投票することや立候補することはできない。

　このように，「投票する権利や候補者として立つ権利は誰にあるのか」という問いは，「この社会の正当な構成者として誰を認めるのか」というシティズンシップの問題に深く関わる複雑なテーマである。

### (1) 選挙権をめぐるこれまでとこれから

　では，日本社会の正当な構成者としての選挙権は，どのように移り変わってきたのだろうか。1890（明治23）年，日本で初めて国政選挙が実施された時に選挙権をもっていたのは，「25歳以上で国税を15円以上納めている男性」であり，当時の人口の1％程度にすぎなかった。この選挙は投票率93.7％ときわめて高く，現在まで衆議院議員選挙の最高記録ではあるものの，当時日本に暮らしていたほとんどの人々にとっては無縁の世界であったことがわかる。

　その後，1925（大正14）年には納税要件が撤廃され，「25歳以上の男性」に選挙権が与えられた（普通選挙法）。これによって，人口の約20％が選挙権をもつことになった。

　そして，第二次世界大戦の終戦直後の1945（昭和20）年，「20歳以上の成人」に選挙権が与えられた。20歳から24歳までの男性たちに加えて，20歳以上の全世代の女性たちが選挙権をもつことになり，日本でも男女平等の選挙制度が確立した。これにより，当時の人口の約50％が選挙権をもつことになり，戦後の最初の衆議院議員選挙の投票率は約75％であった。なお，女性たちにも被選挙権が認められたことで，この選挙では日本ではじめて女性の国会議員が39名誕生している。

　選挙権をめぐる年齢要件のさらなる緩和が，2016年に行われた。「18歳以上の成人」へと年齢が引き下げられて現在に至る。ここから，「10代が投票する社会」が日本でもはじまったことになる。

　このような選挙権拡大の制度変更が「自然」に発生することはない。たとえば，「25歳以上の男性」に選挙権を拡大した普通選挙法の成立は，大正デモクラシーを背景にした人々の民主主義への参加要求に基づくものであった。他方，普通選挙によって社会主義思想やその運動が活性化することを恐れた政府は，同時に治安維持法を成立させたため，この2つの法律はアメ（普通選挙法）とムチ（治安維持法）の関係とされている。

　また，女性の政治参加については，先進国を中心に女性が政治に参加する権利を求める社会運動（第一波フェミニズム）が19世紀から展開されていた。1893年の英領ニュージーランドを嚆矢として，1918年イギリス，1920年アメリカと，二度にわたる世界大戦とも関わりながら女性の政治参加が制度化されていった。このような世界的な動きに連帯しながら，同時期に日本でも平塚らいてふや市川房江などによって，婦人参政権運動が活発に行われた。その実現は戦後を待つことになるが，女性たちが投票所に行く姿や候補者として街頭で演説する姿は，戦後民主化を象徴するものとなった。

　では，18歳や19歳が選挙に行くという「10代が投票する社会」はどうだろうか。選挙権年齢の引き下げの背景には，少子高齢化が進む日本社会において，日本のあり方を決める政治に若者の関与を促したいという政府の判断があった。世界に目を転じると，国連「子どもの権利条約」（1989年）では子どもが意見を表明し聴かれる権利や，情報を求める権利が規定されるなど，大人とともに社会を構成するパートナーとして子ども・若者を位置づけようとする考え方が広がっている。実は世界では，選挙権の年齢を「18歳以上」とする国がすでに主流となっており，さらに引き下げる国も出てきている。たとえば，アルゼンチンやオーストラリア，キューバ，ブラジルの選挙権年齢は16歳だ。このような世界的潮流と日本の人口減少とを合わせて考えると，日本における選挙制度の未来予測として「10代が投票する社会」のさらなる拡大は十分にありそ

うだ。

### (2)　選挙が意味ある制度であるために

　他方，選挙権はあくまでも権利であり，それが意味をもつためには権利が行使される必要がある。現在の選挙で大きな問題になっているのは，投票率の低さである。参議院議員選挙を例にとると（総務省，2023），過去50年で最も高い投票率は74.5%（1980年）だったが，2012年以降は60%に及ばない状況が続いている（2021年は55.9%）。とりわけ，若者の投票率の低さが目立つ。たとえば直近2021年の選挙では，20歳代が36.5%と最低で，ついで10歳代43.2%，30歳代47.1%と続く（最も高いのは60歳代の71.4%）。

### ①　「投票が難しい」それぞれの理由

　このような若者の投票率の低さを，若者の「興味関心」や「意識」の低さに求めるのは容易だ。とはいえ，投票している大人も皆が候補者や政党の政策を十分に理解しているわけではないし，政治的な関心や教養が必ずしも高いわけではない。にもかかわらず，若者が投票を難しく感じるのであれば，それはなぜだろうか。

　投票するために必要なものの一つは，候補者や政党に関わる情報である。そもそもどのようなテーマが争点になっているのか，テーマに対して各政党はどのような立場や政策をもっているのか，そして，候補者はどのような人なのか。これらがわからなければ，投票所に足を運んでも候補者を選ぶことは難しい。政治や政策との接点が増えたり，政治的知識を多くもっていたり，新しい政治情報を入手したり理解したりすることに努力や苦労を感じなければ，その分だけ，投票へのハードルは下がるだろう。松林哲也（政治学）は，「年齢を重ねるにつれて有権者は候補者や政党，そして政治過程に関する情報に触れる機会が増えていく。若い有権者にとって政治は未知の世界であるが，年齢を重ね，少しずつ学習することで集めるべき情報の量が減少していくのである」と指摘する（松林，2015：81）。つまり，「最近の若者」という特定の世代の問題なの

ではなく，年齢を重ねることで「最近の若者」も投票に行くようになることや，次の若者にとってもやはり投票率の低さが指摘される可能性がある。

　若者の投票率が低い原因が若者の置かれた社会的状況や経験の少なさにあるのなら，17歳以下を含めて政治を身近なものにする取り組みなど，若者の投票率を上げるためにできることがありそうだ。選挙に関する情報収集を助けるものとして，たとえば，データとテクノロジーで政治を可視化し，若者と政治の距離を近づけることを目的にした情報サイト「JAPAN CHOICE」がある（NPO法人 Mielka）。働き方や若者・高等教育などテーマ別に各政党の政策を比較したり，クイズに答えることで自分の意見に近い政党をマッチングするなど，気軽に利用でき政治に対する関心が引き出されるような工夫がなされている。また，日本国内のすべての選挙情報を集約している選挙情報プラットフォームとして「選挙ドットコム」がある（イチニ株式会社）。ここでは，選挙ニュースだけでなく，選挙のしくみの解説や政治家の普段の活動の様子などの情報も提供されている。投票率を上げるために重要なのは，選挙期間中の情報提供だけではなさそうだ。

　他方，投票率は，60歳代をピークにして70歳代以上は減少に転じる（2021年の「70代以上」は62.0％）。投票するためには，選挙当日に投票所まで自分で足を運ぶ必要がある。当日投票所に行けない場合は期日前投票を利用することもできるが，期日前投票ができる場所は投票所と比べるとかなり限定される。そして，さまざまな理由や事情で投票所に行けない人たちがいる（投書1・投書2）。

---

**【投書1】投票に行けぬ限界集落の高齢者**　（東京都，会社員，46歳）
　海の日の3連休を利用して福岡県のとある小さな町に帰省した。76歳になるひとり暮らしの母親に今回の参院選の投票予定を尋ねると，選挙には行かないと言う。理由を聞くと投票所が遠く，体が心配だからだと答えた。
　私が生まれたこの地区は過疎と高齢化が激しく進み，半径5キロ以内に商店や病院，郵便局がない。いわゆる「限界集落」だ。今回，投票所になっている小学校までは片道約3キロの道のり。交通手段のない地区の高齢者にとっては選挙も

また，一種の「限界」になっている。

　次の日にタクシーを呼び，期日前投票の会場である約６キロ先の町役場まで赴いたものの，往復約1800円の交通費と１時間という時間を要した。これでは高齢者が投票を嫌になるのもわかる。離島や山間部などでも同じような事態が起きているのではないか。さらに記すと休暇の間，候補者の誰ひとりとしてこの地区に遊説に訪れた者はなかった。

　雇用が不安定で若者が町を去る。その結果，限界集落となった地区に住む高齢者が投票に行けない。これは明らかに政治の責任だ。政府にはあらゆる面で「限界」のない政策をとってほしい。

（『朝日新聞』オピニオン，2013年07月29日朝刊）

---

【投書２】「郵便投票」対象を拡大して　（大阪府，無職，89歳）

　14日は衆院選の投票日です。私は今まで棄権したことはありません。今回も投票に行くつもりでしたが迷っています。脚力の衰えが理由です。年明けに満90歳となる私。杖をつき，よたよた歩くようになりました。階段や坂道，平坦（へいたん）でない道路，人通りの多いところは避けるようにしています。投票所は最寄りの小学校ですが，数年前からタクシーを利用。しかし，降車してから坂道やがたがた道があって，つらいです。

　「郵便投票」をさせて頂けないかと役所に問い合わせ，この制度には公職選挙法が定めた制限があることが分かりました。対象は，身体障害者手帳で両下肢，体幹などの障害１，２級，心臓，腎臓，呼吸器，小腸などの障害１，３級，免疫，肝臓の障害１〜３級の人，「要介護５」の認定を受けた人などに限られるそうです。

　不正投票を防ぐために，厳しい制限があることは理解できます。しかし高齢化が進む日本では，投票所に行けない人の数は今後増えていくことでしょう。投票は国民の権利であり義務。私はそう胸に刻んでいます。国には，郵便投票の対象拡大や手続きの簡素化を検討して頂きたいと切に願います。

（『朝日新聞』オピニオン，2014年12月06日朝刊）

---

　年代や身体の状態に加えて，学校・職場や家庭の事情など，わたしたちはその時々にさまざまな制約を抱えながら暮らしている。そして，どのような状況であっても，等しく選挙権を有している。そうであるなら，有権者の誰もが選挙権を行使できるような条件や環境を整えていくことは，個人の意識や努力にとどまらない社会の課題として考えることができるはずだ。

## ②　「投票したい候補者がいない」のはなぜか

　もう一つ，投票しない理由として，世代を問わず「投票したい候補者がいない」という声が聞かれる。ここでは多様な人が政治家になることができる社会をどのように目指すか，という視点から考えよう。

　あなたは，政治家という職業に対してどんな人を思い浮かべるだろうか。多くの人はまず，中高年の男性を連想するのではないだろうか。実際に，国会議員を例にとると，女性議員の割合は14.3％にとどまっている（内閣府男女共同参画局，2022）。また，男性議員の平均年齢は57.0歳となっている（女性議員の平均年齢は54.5歳）。つまり，有権者の半数以上を女性が占めるにもかかわらず，日本では政治家の構成が偏っており議会が「社会の縮図」で構成されることには程遠い現状がある。

　三浦まり（政治学）は，「男性だけでモノゴトをきめ，新しいメンバーには男性だけを迎え入れ，それを特におかしいと思わない政治のあり方」を「男性政治」と定義した上で，日本の政治家モデルが男性化されていることを明らかにする（三浦，2023：3）。望ましい政治家とは，「私生活を犠牲にして，政治活動に全力投球できる」人であり，それは男性にとって有利なものだと指摘する。確かに，身の回りの家事や育児・介護など自分の暮らしや家族に関わる「私的で些細」なことにとらわれずに常に政治家であることを最優先し，週末や夜間であっても地元の活動にこまめに顔を出すことを，わたしたちは「政治家なら当たり前」として期待するのではないだろうか（「私的で些細」な生活のなかにこそ，多くの政策課題が現れているにもかかわらず）。その反面，「私的で些細」な生活を引き受けている女性にとって，そのような政治活動に取り組むことは高いハードルになる。男性化された政治家モデルが「常識」とされている状況は，女性だけでなく，ケア責任を引き受けている男性や，性的マイノリティ，障害者などにとっても，政治家になるという選択肢から遠ざける文化的作用をもつ。したがって，それぞれの人が「投票したい候補者」を見つけるためには，多様な人が政治家になることができる社会が必要であり，中高年の男性を標準として形成された政治風土や選挙文化を変えていくことが必要だ。状況を変え

る手段の一つとして，選挙において男女の候補者の数をできる限り均等にすることを目的に，国・地方公共団体・政党等の責務や取り組みについて定めた「政治分野における男女共同参画の推進に関する法律」が2018年に施行されたが，その実質化はこれからの課題である。

　さらに，立候補しようとするときには，年齢が問われる。日本では，18歳から投票できるようになった一方で，被選挙権の引き下げは行われていない。現在，被選挙権は25歳以上（衆議院議員・地方議会議員・市区町村長）と30歳以上（参議院議員・知事）という規定になっており，24歳以下の若者世代が抱える課題や関心について，当事者が政治家として取り組むことは制度上できないことになる。OECD（経済協力開発機構）加盟国ではすでに18歳からの立候補を認める国が過半数を超えており，最近では2021年に韓国で25歳から18歳へと引き下げが実現した（NO YOUTH NO JAPAN・日本総研，2023）。このような中で，日本でも，24歳以下の若者たちが「被選挙権が若者にないこと」の違憲性を問う裁判を国に対して起こすなど（公共訴訟），当事者による問題提起が始まっている（＃立候補年齢引き下げプロジェクト）。

　政治家になるための条件をめぐって，常識や慣習の中に埋め込まれた不公正な文化と，年齢制限のような制度の両方から問い直す過程の中で，選挙に対する関心は変わっていく可能性がある。たとえば高校1年生が部活帰りに投票する社会や，高校3年生や大学生が国会議員になる社会が実現したら，あなたの選挙や政治に対するイメージは大きく変わるのではないだろうか。

　選挙をめぐる課題は，まだある。たとえば，選挙戦での強力な武器と化しているフェイクニュースの拡散は，わたしたち有権者の情報収集と選択を一層困難にしているし，選挙報道をめぐっていち早く「当確」報道を出そうというメディア間の競争は取材現場で記者の過労死を引き起こすほどの圧力を生んでいる（尾崎孝史，2019）。また，政治的教養を高めることを目的とした政治教育や選挙行動を促す啓発活動，実際の生活課題や地域課題の解決に取り組む社会教育・地域活動，特定の政党や候補者の政策について理解と支持を求める政治活動など，暮らしと政治と選挙に関わる営みを区別することは，歴史的にも今日

的にも困難だが興味深い課題だ（矢口徹也，2011；上原直人，2019）。

　選挙とは民主主義社会の基本として長い歴史をもつ一方で，今なお多くの課題を抱えており，「選挙に行こう！」だけでは済まされない未完成の社会装置である。より良い選挙制度への変更もまた，選挙を通じて実現されていく必要があるだろう。

## 2．パブリック・コメント：声を届ける制度

　選挙が終わると，候補者の名前を連呼する選挙カーや街頭演説の人だかりは消え，政治はテレビの中に戻っていく。議会での与野党の攻防や議員の問題発言がニュースになっても，攻防の論点や問題の顛末がよく分からないまま，一過性の話題として消費されることも多い。選挙以外の方法で，市民の声はどのように政治に届けることができるのか。

### (1)　パブリック・コメント制度のもつ力

　この疑問への一つの対応として，2005年にパブリック・コメント制度が成立した（行政手続法）。パブリック・コメント制度（通称パブコメ，意見募集手続）とは，行政機関が政令や条例，計画等を定めようとする際に，事前に広く一般から意見を募り，その意見を考慮することを行政に義務づける制度である。その目的は，行政運営の公正さの確保と透明性の向上を図り，国民の権利利益の保護に役立てることにある。要するに，行政が進めるさまざまな法改正や条例・計画等は，確定して公表されてからでは，市民がその内容について意見を言っても変更することは容易ではない。したがって，法律や条例・計画等を確定する前にその案を公表し，広く意見を募集することで，市民が自分の意見を伝えることができる仕組みだ。なお，意見は個人名でも団体名でも出すことができる。

　パブリック・コメントは，国・都道府県・市区町村の各行政レベルで行われており，政策の分野を問わず広範なテーマが対象になる。たとえば，国レベルで行われるものは，Webサイト「e-govパブリック・コメント」に掲載される

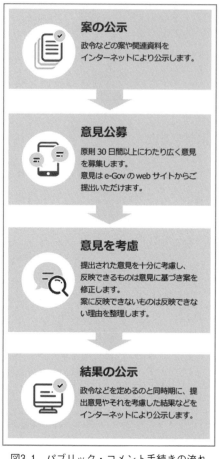

**図3.1 パブリック・コメント手続きの流れ**
出典：e-gov パブリック・コメント

ことになっており，意見募集中の案件を検索したり，過去案件でどのような意見が提出されたのかなども公開されている（デジタル庁，2023）。

　市民にとってパブリック・コメント制度のメリットだと考えられるのは，まず，出された意見への考慮や結果の公示までを行政側に義務づけるという制度設計がなされていることである（図3.1）。パブリック・コメントは，ただ市民が意見を言えるというだけの制度ではない。その案件に対して，全体としてどのような意見が何件程度出されたのか，それらの意見に対して行政側がどう考慮したのかまでを，わたしたちは知ることができる。選挙以外の場で，市民が行政の取り組みに対して自由に意見を述べることができ，かつ，意見に対してフィードバックがなされる制度としては，このパブリック・コメントがほぼ唯一であると言ってよい。

　もう一つのメリットは，国籍や年齢を問わず，誰でも意見を出せることである。先に見たように，選挙には年齢や国籍による制限があるが，パブリック・コメントにはそれがない。たとえば，生活の場に近い市区町村の場合，基本的にはその自治体に在住・在学・在勤する市民であれば，誰でも意見を言うことができる。筆者が関わった経験の中でも，ある自治体の生涯学習推進計画案の

スポーツ施設の項目について，大人だけでなく中学生からも複数の意見が提出
された。日頃から公共スポーツ施設を利用している中学生にとって，行政がそ
れらの施設を今後どのように運営しようとしているのかは自分自身の生活に直
接関わる話であり，関心をもつテーマだったのだと想像される。

　パブリック・コメントが対象とする政策の範囲は広い。実際には自治体や年
度により異なるが，たとえば神奈川県平塚市では，2023年度に11のパブリック・
コメントの実施が予定されている（表3.1）。あなたの興味のある分野や，自分
の生活にも関わりそうな案件はあるだろうか。この表には，あまり関心をもて
ない案件と少し気になる案件とが混在しているのではないだろうか。一人です
べての案件に関わろうとする必要はない。それぞれの市民が自分の暮らしに関
わる部分で行政の取り組みに関心をもつこと，できる範囲で自分の意見を伝え
ていくこと，そして，そのような行政への関心のもち方と行動の方法を身につ
けた市民が増えていくことこそが，パブリック・コメント制度が活かされた社
会参加のかたちである。

## (2)　政策・行政施策の「難しさ」を乗り越えるために

　もっとも，パブリック・コメント制度は，市民にとって使いやすいものになっ
ているとは言いがたい。試みに，政府の e-gov パブリック・コメントのサイト
や自分の自治体のサイトから，パブリック・コメントの案件を選んでその内容
を見てみよう。多くの場合，その内容は市民にとって専門的すぎて難しかった
り，量が多くて読みこなせなかったり，どこが論点になるのかが分からなかっ
たりして，面白くないと感じてしまう。そのため，多くのコメントが集まるも
のは一部に過ぎず，実際には提出された意見が0件で終わっていく案件が少な
くない。条例や計画の案文が公開されるだけでは，市民が自由に意見を言える
条件が整ったことにはならないのである。パブリック・コメント制度の課題の
一つがここにある。

　この課題に対しては，パブリック・コメントの案文を理解するための学習機
会が一つの解決策になるだろう。たとえば，パブリック・コメントの対象となっ

表3.1　神奈川県平塚市における2023（令和5）年度のパブリック・コメント案件（予定）

| | 案件名 | 概　要 | 担当部課 |
|---|---|---|---|
| 1 | （仮称）次期平塚市総合計画（1次素案） | 市政運営を総合的，計画的に進めるための指針，また，最上位の行政計画である平塚市総合計画について，計画策定から8年が経過し，その間，人口減少・少子高齢化が進んでおり，これからの時代により的確に対応するため，令和6年度を始期とする新たな総合計画を策定する。 | 企画政策部企画政策課 |
| 2 | 平塚市教育大綱（素案） | 地方教育行政の組織及び運営に関する法律第1条の3第1項の規定に基づき，本市の目指す基本的な教育，学術及び文化の振興に関する総合的な推進を図ることを目的に「平塚市教育大綱」を策定する。 | 総務部行政総務課 |
| 3 | ひらつか男女共同参画プラン2024（仮称）（素案） | 本市における男女共同参画を推進することを目的として策定した「ひらつか男女共同参画プラン2017」を改訂する。 | 市民部人権・男女共同参画課 |
| 4 | 第2期平塚市地域福祉リーディングプラン（素案） | 本市の地域福祉推進の理念や方針を明らかにし，地域における福祉活動を推進するための方向性と具体的な取組を示す「平塚市地域福祉リーディングプラン」を改定する。 | 福祉部福祉総務課 |
| 5 | 平塚市高齢者福祉計画（介護保険事業計画［第9期]）（素案） | 高齢者に関する施策を総合的かつ計画的に推進するとともに，介護保険事業に係る保険給付の円滑な実施を図ることを目的とし，施策の考え方及び目標を定めた計画を策定する。 | 福祉部地域包括ケア推進課 |
| 6 | 平塚市健康増進計画・平塚市食育推進計画（素案） | 赤ちゃんから高齢者までのライフステージに応じた健康づくりと食育の推進や生活習慣病の発症予防・重症化予防に取り組み，健康で豊かに生活できるひらつかを目指すことを目的とした「平塚市健康増進計画（第2期)」「第2次平塚市食育推進計画」を改定する。 | 健康・こども部健康課 |
| 7 | 平塚市国民健康保険特定健康診査・特定保健指導実施計画(第4期)データヘルス計画（第2期）（素案） | 被保険者の健康保持増進を目的に，健康・医療情報を活用して，PDCAサイクルに沿った効果的かつ効率的な保健事業の実施を図るための計画を策定する。 | 健康・こども部保険年金課 |
| 8 | 平塚市環境基本計画（中間見直し）別冊（素案） | 令和4年4月に施行された「改正地球温暖化対策推進法」の趣旨に沿うために，現行の「平塚市環境基本計画」に盛り込まれていない再エネ利用促進等の | 環境部環境政策課 |

| | | 施策及び施策の実施目標の設定等を定め，また，地域脱炭素促進区域に関する計画を策定する。 | |
|---|---|---|---|
| 9 | 平塚市無電柱化推進計画（素案） | 災害への備え，安全・円滑な歩行空間や良好な都市景観を創出することを目的として，無電柱化の方針，目標，施策等を定めた計画を策定する。 | 土木部道路整備課 |
| 10 | 平塚市スポーツ推進計画（素案） | 平成26年2月に「スポーツを楽しみ，健康で長寿のまち　ひらつか」を目標に掲げ，策定した「平塚市スポーツ推進計画」について，策定から10年が経過するため，改定する。 | 社会教育部スポーツ課 |
| 11 | (仮称) 平塚市民病院将来構想（素案） | 平塚市民病院の将来像や方向性を示した将来構想を公立病院経営強化プランを包含して策定する。 | 市民病院経営企画課 |

出典：平塚市サイトより筆者作成

ている条例や計画を解説したり要約したりして，市民にわかりやすく伝える工夫が必要である。専門用語や行政用語を，わたしたちが日常生活で使っている言葉へと「翻訳」すること。これは，行政側の課題であると同時に，専門家の社会的役割であり，NPOなどの市民社会組織に期待される役割でもある。

　また，さまざまな場面で，パブリック・コメントに向けた学習会が開催されることも重要である。たとえば，高校や大学等の授業やゼミ活動で取り上げ，案文を理解して意見を交わす経験は，わたしたちの暮らしと政治とのつながりを具体的に理解するための教育実践として大きな意義をもつ。自分たちに関わる案件であれば，生徒会や部活・サークルが学習会を主催し，参加者を募って一緒に考えていくこともできるだろう。パブリックコメントは，身近な場で政治的な議論を始めるきっかけとしても活用できそうだ。

　他方，社会に目を向ければ，その問題に関心をもつ当事者団体や市民活動団体が主催する学習会は，すでに多く開催されている。国レベルのパブリック・コメントの場合はオンラインを活用して全国規模で行われる勉強会があったり，自治体レベルのパブリック・コメントでは地域の公民館など身近な場で住民による学習会が開催されたりする。実際にコメントを提出するかどうか，どのような意見を提出するかは自分の判断になるが，その前提として，行政がど

**図3.2 「こども大綱」策定に向けた取り組み例**
出典：こども家庭庁

のような取り組みを進めようとしているのかを理解し考えるための学習は，出される意見と同じくらい重要なのだ（図3.2：こども家庭庁）。

　パブリック・コメント制度が示すように，わたしたちが暮らしの中で感覚や経験を通して形成する意見や要望と，専門用語や行政用語で構成される政策案との間には，常に大きなギャップが存在する。このギャップを埋めるための「翻訳」や学習機会の創出は，暮らしと政治をつなぐための具体的な方法の一つである。

## 3．公募委員：市民として議論のテーブルにつく

　選挙にしても，パブリック・コメントにしても，直接に関与できるタイミングは限られている。投票や計画改定などは，次の機会が3年先や5年先になることも多い。学業や仕事とプライベートを両立しながら，もっと身近な場で，もっと継続的に関わることはできないだろうか。

### ⑴　公募委員になってみる

　公募委員とは，主として行政が設置する審議会・委員会等において，一般から公募され，委嘱された委員のことである。委嘱された委員は，決められた期間（1〜3年程度が多い）に開催される審議会・委員会に出席し，議題につい

て自分の考えを発言したり，さまざまな背景をもつ他の委員とともに議論することで，行政施策の策定や事業評価に市民として関与することになる。審議会・委員会はさまざまな分野で設置されるため，市民が自分の問題関心や経験，専門を活かして参加することが可能だ。

審議会・委員会によって，応募条件や会議の回数，謝金の金額等はさまざまである。基本的な条件としては，「当該自治体に在住（在学や在勤を含む場合もある）の18歳以上」であることが多い。一部の審議会・委員会では，応募要件として特定の資格取得や経験が求められる場合があったり，選考として作文審査や面接などが行われることもある。審議会・委員会は，公募委員だけでなく，学識経験者（有識者）と言われる専門家や関連する業界や団体の代表者，事務局を担う行政担当課などによって構成される。したがって，公募委員には専門的な知見が求められるというよりは，一人の市民としての立場や経験から感じていることを伝えたり，素人という立場から専門家や関連団体，行政担当課に質問して説明を求めたり，他の委員の意見を踏まえて議論したりなど，顔の見える関係の中で関わることが期待される。

では，公募委員になることは，市民自身にとってどのような意味をもつのだろうか。市民公募委員経験者の声を，秋田県を事例に聞いてみよう（秋田県，2023）。たとえば，社会教育委員を経験した20代女性（学生）は，「普段は同世代の学生と関わることがほとんどである中で，世代や職業の異なる様々な委員の方々と意見交換をすることで，秋田県の社会教育のリアルな現状を知るとても良い機会を得ることができた」とふり返る。また，水産振興協議会委員を経験した40代男性は，移住者という立場を生かして「専門家や実務家ではありませんが，県の漁業振興について消費者視点など他の方とは別の角度から意見ができたら」という思いで参加したという。

公募委員になることで，市民はそれぞれの日常生活では出会わなかった人たちと出会い，ネットワークを広げることができる。関心がある分野で地域に貢献できるだけでなく，地域への理解を深め，一層の関わりを生み出すことができる。なにより，一人の市民として行政施策の決定や実施のプロセスに関わる

という社会参加の経験は，能動的市民として生きることへの自信につながるはずである（第1章参照）。

## (2) 素人（市民）が政治に参加するということ

とはいえ，興味や意欲はあっても，公募委員になってみようという行動を決意するには，それぞれに不安が伴うはずだ。さまざまな人が集まる会議の席で，自分の意見を発言することは，誰にとってもそれほど簡単ではない。委員会資料の内容にわからないことがあったり，専門家やベテランの市民がいると，気後れしてしまうこともあるだろう。わからないことは積極的に学ぶ姿勢が必要だ。また，会議は自分の意見を押し通す場ではない。他の委員の意見に積極的に耳を傾け，行政の説明を受け止めながら，みんなで合意可能な妥協点を見つけ出すための話し合いのスキルも鍛えていく必要がある。

もっとも，公募委員自身が「素朴な感想だから発言しても意味がない」と思ってしまったり，素人の発言だからと周囲から軽視されるようでは，せっかくの公募委員の仕組みは無力化されてしまう。公募委員が言い間違いや思い違いを恐れずに発言しようと思える雰囲気や，周囲が公募委員の発言を丁寧に受け止め積極的に全体の議論へ反映しようとすることが必要だろう。そのための一つとして，審議会・委員会の委員構成は重要である。委員構成が特定の年代や性別に偏っていたり，専門家・関連団体代表者に比して公募委員の人数が極端に少なかったりしていないだろうか。人数のバランスはパワーにつながりえるため，それぞれの発言のしやすさや居心地の悪さに影響を与えている可能性がある。議事進行や意見調整を担う委員長の属性や決め方も重要だ。さらには，知識面で優位性をもつ専門家側の態度や意識も問われることになる。専門家がどのような態度で素人の市民と向き合い，専門用語を「翻訳」しながら議論を噛み合わせ，立場を超えて対等に話し合える場を作り出すのか。公募委員の仕組みを意味あるものにするためには，公募委員自身の頑張りだけでなく，専門家や行政担当課の果たすべき役割が大きい。

また，公募委員の仕組みには，委員になりたい市民が少ないという課題があ

る。公募委員として数多くの審議会・委員会を経験している市民がいる一方で，公募委員に自ら立候補する市民はまだ限られている。年代や性別について委員構成のバランスを図りたいと思っても，そもそも候補者がいなければ調整することもできない。そのため，自ら応募する立候補制の公募委員に加えて，行政からの打診を承諾した市民が公募委員になる方法をとる自治体もある。たとえば，東京都武蔵村山市では，住民基本台帳から無作為抽出で選出した18歳以上の2,500人の市民に公募委員候補者名簿への登録を依頼し，同意した場合に公募委員候補者として登録されるようになっている（武蔵村山市，2023）。いわば，くじ引きに当たった市民に対して公募委員を打診するという方法だ。武蔵村山市の場合は，6つの分野（①地域コミュニティ，②健康・福祉，③防災・都市基盤，④教育・生涯学習，⑤産業・環境，⑥行財政運営）から，住民が一つ選択して登録するようになっている。立候補だけでなく無作為抽出という仕組みを導入することは，より多くの人が公募委員という仕組みに出会い，政治プロセスへの参加機会を得るための工夫の一つである。

　さらに，それぞれの審議会・委員会における公募委員の経験は，会議委員会を超えて共有されることで，政治への市民参加をめぐるやりがいや課題の全体を整理することができる。たとえば京都市は，市民参加・市民協働による地域自治のまちづくりを積極的に進める自治体の一つである（京都市市民参加推進条例，2003）。京都市では現在，審議会・委員会等の市民公募委員が約160名程度活動しているが，それらの委員を対象にした「市民公募委員サロン」が2006年から毎年1～2回開催されている。そこでは，審議会・委員会におけるやりがいや得られた成果，悩みなどが話し合われており，公開された結果レポートからその様子を窺い知ることができる（京都市，2022）。

　政策課題が複雑で難しいからといって，専門家や行政に全部をお任せするのではなく，素人である市民が市民の立場から政策の決定・実施・評価のプロセスに参加していくこと。それを具体的に実践するしくみの一つとして公募委員制度がある。

　ここまでで取り上げた制度以外にも，制度化された社会参加の仕組みは複数存在している（直接請求，住民監査請求，常設型住民投票，請願・陳情など）。また，司法分野でも市民参加を図るための裁判員制度が2009年から導入されている。いずれの制度にもそれぞれ特徴や意義があるため，一つの方法にとらわれず，制度を組み合わせたり使い分けたりして活用することが重要だ。言い換えれば，これらの社会参加の制度を使いこなすための市民の力はどのようにして鍛えられるのかという問いが，制度化された社会参加を実質化する最大の課題であるといえる。

　制度を使いこなすための市民の力（知識や経験，スキルなどを含むシティズンシップ）は，一朝一夕で獲得されるものではない。社会参加を促すためには，子どもを含めて，身近な暮らしの中で民主主義的な手続きや場に参加する経験を何度も繰り返し，民主主義のやり方を練習を通して身につける必要がある。

　あなたが人生ではじめて「投票」を経験したのは，いつだっただろう。学校行事でクラスの出し物を決めた時だろうか。委員長や児童会長を決めた時だろうか。公式な選挙でなくても，わたしたちは自分の意思で何かを選び，決め，票を投じるという行為を練習してきた。投票や開票の過程に嘘があれば「それはおかしい」と不正に対して怒る感覚は，まさにその練習の中で身につけてきた民主主義への理解に根ざすものだ。

　誰でも自由に意見を言える機会の存在に気づいたのは，いつだろうか。学校内に置かれた意見箱だろうか。ショッピングモールや病院で，「いただいたご意見への回答コメント」として貼り出されていた掲示板だろうか。意見とは誰かに受け止められ，応答されるものであるという基本的な他者や社会への信頼がなければ，パブリック・コメントの制度は無力で無意味になる。

　民主主義的な方法は，誰もが暮らしの中で練習して身につけるものだ。そうであるなら，練習を重ねること，すなわち，暮らしの中にある小さな民主主義的な方法を大事にすることや民主主義的な方法を広げていくことが重要であり，制度を使いこなすことはその延長上にある。そして，暮らしの中での練習を通じて培ってきた市民の力は，自治体などより大きな政治の舞台でも一層発

揮されるはずだ。

## Exercise 3

(1) 本章で取り上げられた3つの制度とミニ・パブリックス（発展的学習1「ミニ・パブリックス型の市民参加と民主主義の活性化」）には，違いや特徴がある。それぞれの仕組みを理解した上で，市民による社会参加としてあなたが一番有効だ／やってみたいと思うものを一つ取り上げ，その理由を説明しよう。

(2) これらの制度に積極的に関わる市民を増やすためには，どのような条件・環境や工夫が必要だろうか？　市民が実際に参加したくなる／参加しやすくなる方法について，市民個人・職場や学校・自治体・国家（法制度）など，それぞれができることについて考えよう。

(3) これまでの人生であなたが「練習」してきた身近な「民主主義のやり方」について，幼い頃のものから具体的に振り返ってみよう（自己決定・選択，意思表示，対話，交渉など）。そのとき，周囲の人たち（大人を含む）はどのような態度や促しをしていただろうか。

📖 **引用・参考文献**

秋田県（2023）「委員経験者の方の声・公募委員に関するQ&A」
　　https://www.pref.akita.lg.jp/pages/archive/61936（最終アクセス　2023年10月3日）。
デジタル庁（2023）「e-gov パブリック・コメント」
　　https://public-comment.e-gov.go.jp/servlet/Public（最終アクセス　2023年10月7日）。
平塚市（2023）「パブリックコメント手続制度」
　　https://www.city.hiratsuka.kanagawa.jp/kocho/page-c_02324.html（最終アクセス　2023年10月7日）。
イチニ株式会社（2016）「選挙ドットコム」
　　https://go2senkyo.com（最終アクセス　2023年11月24日）。
一般社団法人 NO YOUTH NO JAPAN・日本総合研究所（2023）「被選挙権年齢に関する調査：諸外国との比較を軸に」
　　https://www.jri.co.jp/page.jsp?id=106296（最終アクセス　2023年10月7日）。
京都市（2022）「京都市市民参加推進フォーラム」
　　https://www.city.kyoto.lg.jp/sogo/page/0000035250.html（最終アクセス　2023年10月7日）。

松林哲也（2015）「投票参加」飯田健・松林哲也・大村華子『政治行動論：有権者は政治を変えられるのか』有斐閣。

三浦まり（2023）『さらば，男性政治』岩波書店。

武蔵村山市（2023）「公募委員無作為抽出制度」
https://www.city.musashimurayama.lg.jp/shisei/torikumi/1010618.html（最終アクセス 2023年10月3日）。

内閣府男女共同参画局（2022）「男女共同参画の最近の動き（男女共同参画推進連携会議情報・意見交換のための会合　資料1）」2022年3月10日
https://www.gender.go.jp/kaigi/renkei/ikenkoukan/82/pdf/1.pdf（最終アクセス 2023年11月28日）。

NPO法人Mielka（2021）「JAPAN CHOICE」
https：//japanchoice.jp（最終アクセス 2023年11月25日）。

尾崎孝史（2019）『未和：NHK記者はなぜ過労死したのか』岩波書店。

総務省（2023）「国政選挙の年代別投票率の推移について」
https：//www.soumu.go.jp/senkyo/senkyo_s/news/sonota/nendaibetu/（最終アクセス 2023年10月7日）。

上原直人（2019）「選挙啓発と社会教育の歴史的関係とその特徴」『生涯学習・キャリア教育研究』15，名古屋大学大学院教育発達科学研究科附属生涯学習・キャリア教育研究センター。

矢口徹也編著（2011）『社会教育と選挙：山形県青年団，婦人会の共同学習の軌跡』成文堂。

発展的学習 1

# ミニ・パブリックス型の
# 市民参加と民主主義の活性化
## ：政治学の立場から

## １．ミニ・パブリックスの実践

### (1) ミニ・パブリックスとは何か

　公共政策への市民参加の手法として近年注目されている「ミニ・パブリックス」とは，無作為抽出された市民が「熟議（deliberation）」を行い，その結果を市民が共有するとともに，国や自治体の政策に反映させようというものである。市民が特定のテーマについて討論を重ね，どのように意見が変化したかを測定する「討論型世論調査」，市民が科学技術政策について専門家と対話しながら議論し，提言文書を作成する「コンセンサス会議」など，さまざまな形態で制度化され，普及している（OECD Open Government Unit, 2023）。

　日本の各自治体においては，市民討議会や市民ワークショップなどの名称で，ミニ・パブリックス型の市民参加が広く実践されている（篠藤，2012：107）。そこでは，「①参加者の無作為抽出，②参加者への謝礼の支払い，③公正・公平な運営機関，④参加者による小グループ討議，⑤報告書公表」が原則とされている（小針，2009：57-59）。

### (2) 伊勢原市の市民ワークショップ

　神奈川県伊勢原市で2022年９月〜10月に「公共施設の見直しに向けた市民ワークショップ」が計３回開催された。第１回は，アドバイザーによる全体説明と，市民文化会館のあり方についてグループ討議が行われた。第２回は，図

書館・子ども科学館，地域コミュニティ施設のあり方について，第3回は，放課後子ども対策関連施設，スポーツ施設等（屋内運動場・広場等）のあり方についてグループ討議が行われた（伊勢原市，2023：1）。

参加者の募集では，住民基本台帳に基づき無作為に抽出した1,000人の市民に案内し，参加に同意した人に参加してもらうという方法が採られた（伊勢原市，2023：2）。

グループ討議は，参加者がA班，B班，C班の3グループに分かれて，テーマとなる対象施設ごとに，以下のような流れで進められた。「①対象施設の現状に対する不満点や課題点（又はよい点）の抽出，②不満点や課題点を解消するための解決策の検討，③対象施設の今後の見直しの方向性（素案）に対する意見，④意見を総括して代表者が発表」（伊勢原市，2023：3）。

市民からの意見発表への市の対応は，「意見内容を①すでに見直しの方向性に反映されているもの，②追加での反映を検討するもの，③将来的な課題として検討するもの，④対応が困難なもの，に整理した上で，対応を検討していく」というものである（伊勢原市，2022：1）。

## (3) ミニ・パブリックスの意義と課題

政府の取り組む課題に意見の表明を行う機会を一般の人々に提供する制度として，他にも，審議会・公聴会等の公募委員，請願・陳情，パブリックコメントなどがある。これらに対して，ミニ・パブリックスは，参加者の固定化や属性の偏りを避けるために無作為抽出によって社会の縮図をつくり出し，専門家の説明や資料を通じてテーマについての理解を深めつつ議論することが特徴となっている。さまざまな異なる立場の市民を集め，学習や相互理解を経た上での意見表明を行うことに意義がある。

今後の課題として，市民への認知度を高め，参加を承諾する人を増やすこと，形骸化や隠れ蓑（市民の意思を反映した政策決定のように見せるアリバイ）という

問題を克服することが挙げられる。このような課題を解決していくには，市民の意見をどのように検討して，それを政策決定においていかに考慮したか，しなかったか，という結果および理由を明らかにして広く共有することが重要な前提となるだろう。

　ミニ・パブリックスは，諮問的（consultative）なかたちの市民参加で，法的拘束力がない（議会や行政機関の権限を制限しない）。このような参加には，効果が乏しいのではないかという疑問も生じるだろう。そこで以下では，ミニ・パブリックス型の市民参加の価値を民主主義の活性化という観点から考えてみたい。

## 2．代表制と市民参加

### (1)　代表制民主主義を補強する

　現代社会において，市民の意見や利害はきわめて多様であり，かつ急速に変化していく不定型なものである。選挙で幅広い有権者の支持を集めなければならない代表者は，総合的な視点と判断力，そして説明責任を要求される。したがって，その代表者たちが，民意の断片化・流動化からいったん距離をおいて，公開の場での熟議を通じて，争点を明示したり，整合性のある政策へ練り上げたりするのが，代表制固有の意義といえる（早川，2014：190-197；待鳥，2015：250-256）。

　ただし，政策形成に行政機関が大きな影響力をもっている状況において，選挙で主に立法府（国会や地方議会）の議員を選ぶだけでは，政策の材料となるべきさまざまな意見や利害を表す方法が十分とは言い難い。政治的決定に対する国民・住民の多元的な意思表明の機会を確保するためには，さまざまな市民参加の諸制度を組み合わせることが求められるものと思われる。主権者たる国民が選挙を介して議会（立法権）に関わるだけの一元的かつ部分的な民主主義に対して，政治過程への参加（民意を反映する経路）を複数化した体制を構築

することが必要とされるのではないだろうか（國分，2013：146-149）。さまざまな政治的コミュニケーション手段が確保され，それらが効果的に機能することによって，代表者の応答性を高めることができる。

　雑誌の記事や漫画の著者が執筆中に編集者の助言や読者の声を参考にするように，代表者が選挙の時だけでなく任期中に市民の政治的見解を考慮するように促す仕組みとして，ミニ・パブリックスをはじめとする諮問的市民参加を活用できるだろう。また，制度化された市民参加だけでなく，社会運動（署名活動やパンフレットの配布，会合や学習会，ロビイングやデモ，マスメディアやSNSによる監視など）と連動することでより効果的になりうる。政策についての意向や考えを伝える持続的な活動が，政治的コミュニケーションが過少な代表制の改善に必要となる（藤井，2021：230-231）。

## (2)　諮問的市民参加と選挙

　抽選や公募によって市民の一部を選び出す諮問的市民参加は，選挙による代表制と矛盾するだろうか。選挙における有権者の審判というかたちで市民全体に政治責任を負う政治家が最終的な決定権（法令の制定権等）をもちつつも，政府・議会の機能を活性化する（政治的応答性を高める）諮問的市民参加を組み入れるのであれば，政治家の民主的正統性と対立するとはいえない。ある政策分野において強く影響を受ける集団が，当該政策過程で諮問的市民参加の機会を得ることは，一人一票のような形式的平等よりも，むしろ人々を公平に扱うことに寄与するかもしれない。

　市民の政治的意見表明が諮問的なものである場合には，議会や行政の長が市民の提案を拒否することを妨げる法的拘束力はないので，諮問的市民参加にはあまり意味がないように思われるかもしれない。ただし，市民の提案に対して政治家がとった態度が次の選挙での判断材料になりうるので，政治家が市民の提案を無視することは難しいだろう。この点でも，やはり選挙権は重要な意味

を有している。他方，市民の協議体が公的な決定権を一定程度付与される場合には，決定をしなければならないという圧力に曝されることにより，かえって自由な議論が制約される危険性に注意する必要もある（毛利，2007：19-20）。ゆえに，決定権をもたない諮問型の制度よりも決定権をもつ拘束型の制度のほうが望ましいとは一概に言えない。

## 3．政治に参加することの意味

### (1)　議会および行政による政策プロセスと市民参加

　私たちの生活に密接に関係するさまざまなことが国会や地方議会で議論されているが，政治家や役所に意見を届けることで，これらの政策が大きく変わる可能性がある。たとえば，東京都の複数の区における病児保育利用料金助成制度は，病児保育に取り組んでいるNPO法人の働きかけにより実現した。このように，国や自治体で制度化・法制化するように政策提言することを「アドボカシー」と言う（西出，2017：51）。

　議会や行政機関は，特定の政策課題についてさまざまな市民の意見を常に十分に把握しているわけではない。市民参加は，市民の多様な意見をくみとり，政策形成に活かすことに加え，政策形成後の実施・評価の段階で，政策を多面的に検証するためにも重要となる（土山，2018：128-129）。

　民主主義を形だけのものにしないためには，身近な問題に対して，「行政は何をしているのか」と言う前に，「自分たちにできることを考え，自分たちで取り組む」ことが不可欠となる。けっして選挙で政治家を選ぶことだけが民主主義のあり方というわけではない。民主主義に基づく政治を，「自由な市民どうしの公開の議論で，紛争を解決し政策を決定する活動」（クリック，2011：275）と捉えるならば，政治は，政治家や官僚だけでなく，さまざまな市民参加の手法を通じて，市民自ら取り組む活動になる。

### (2) 専門家と市民

公式を使って問題を解くような単線的なプロセスとして政治を捉えると，政治家，官僚，有識者など，合理的に政策をつくることができると想定される専門家に任せておけばよいと思われるかもしれない。しかし，政治はそのようなプロセスではないし，専門家にも知識や情報の限界があり，価値観や利害関心の対立がある。

専門家といえども，常に十分な判断材料をもっているわけではない。たとえば，いかに料理が上手な人であっても，食べる人の好みや体調，アレルギーや信仰上の理由で食べられない食材などの情報を聞く必要はあるだろう。市民参加は，専門家には見えていなかった情報を付加したり，専門家の判断の偏りを修正したりする役割を果たす。また，自分たちの属する組織や業界にとって有利なように政策を歪める可能性もある。むしろ専門家だからこそ，公正さを装って巧妙に利益誘導できる面もあるかもしれない。市民参加には，そのような事態が生じないようにする役割も期待される。

他方，市民だけで政策プロセスを完結させるのも難しい。何かを決定するにあたり，何をアジェンダ（議題）とし，それをどのように定式化するかが問題になるし，発言内容を整理したり，積極的な意見交換を促したりするなどの，ファシリテーター的な役割が重要となる。たとえ市民の直接参加による民主主義においても，議員・政党・政府機関等による何らかの間接性や代表制は不可避といえる（山本，2021：122）。また，民主主義が「多数者の専制」に陥る危険性があるように，多数者の考えることが常に妥当な結論を導くとも限らない。市民の多数が見落としている点を指摘したり，少数者の諸権利を擁護したりするのも，専門家の役割となりうる。

以上のように，専門家または市民のどちらか一方だけで政治を行うことには不都合が生じる。専門家と市民がそれぞれの役割を果たしつつ，切磋琢磨し批

判的吟味・修正を積み重ねる民主主義のプロセスを構成する一つの仕組みとして，ミニ・パブリックス型の市民参加を位置づけることができるだろう。

（中村隆志／政治学）

📖　引用・参考文献

クリック，バーナード著，関口正司監訳（2011）『シティズンシップ教育論：政治哲学と市民』法政大学出版局。

藤井達夫（2021）『代表制民主主義はなぜ失敗したのか』集英社。

早川誠（2014）『代表制という思想』風行社。

伊勢原市（2022）「令和4年度伊勢原市行財政改革推進委員会第3回会議録」https://www.city.isehara.kanagawa.jp/docs/2014092600022/file_contents/R4_3.pdf（最終アクセス　2023年10月10日）。

伊勢原市（2023）「公共施設の見直しに向けた市民ワークショップの開催結果概要について」https://www.city.isehara.kanagawa.jp/docs/2017033000073/file_contents/0215wsgai-you.pdf（最終アクセス　2023年10月10日）。

小針憲一（2009）「市民討議会の実施方法」篠藤明徳・吉田純夫・小針憲一『自治を拓く市民討議会：広がる参画・事例と方法』イマジン出版，pp. 56-91。

國分功一郎（2013）『来るべき民主主義——小平市都道328号線と近代政治哲学の諸問題』幻冬舎。

待鳥聡史（2015）『代議制民主主義——「民意」と「政治家」を問い直す』中央公論新社。

毛利透（2007）「市民的自由は憲法学の基礎概念か」『岩波講座　憲法1：立憲主義の哲学的問題地平』岩波書店，pp. 3-30。

西出優子（2017）「NPOの4つの機能：オックスファムを事例に」澤村明ほか『はじめてのNPO論』有斐閣，pp. 48-51。

OECD Open Government Unit 著，日本ミニ・パブリックス研究フォーラム訳（2023）『世界に学ぶミニ・パブリックス：くじ引きと熟議による民主主義のつくりかた』学芸出版社。

篠藤明徳（2012）「市民討議会：日本の政治文化を拓く」篠原一編『討議デモクラシーの挑戦：ミニ・パブリックスが拓く新しい政治』岩波書店，pp. 99-115。

土山希美枝（2018）「自治体審議会は市民と自治体の『話し合いの場』となるか：実りある『話し合いの場』のデザインをめぐって」村田和代編『話し合い研究の多様性を考える』ひつじ書房，pp. 125-149。

山本圭（2021）『現代民主主義：指導者論から熟議，ポピュリズムまで』中央公論新社。

# 第4章　ボランティア活動を通じた社会参加

　あなたは，これまでに「ボランティア」という言葉を聞いたことはあるだろうか。また，ボランティア活動をしたことはあるだろうか。

　おそらく，"初めて聞いた"という人は多くないように思われる。また，何らかのボランティア活動をしたことがあるという人も少なくないだろう。これまでに筆者が担当した，社会参加やボランティアについて学ぶ大学1年生を対象とした授業（2020年〜2021年）で質問してみたところ，履修生1,053名のうち66％は「経験がある」と回答しており，この世代にとっては比較的なじみのある言葉であり，経験なのだといえる。本章では，身近な社会参加の方法のひとつとしてボランティアに焦点を当て，その他の活動との違いや具体的な参加方法，気に留めておきたいルールやマナーなどについて確認していく。

## 1．ボランティアの行為者率

　社会調査のデータをもとに，日本におけるボランティア活動の状況を確認してみよう。「社会生活基本調査」は，国民の社会生活の実態を明らかにするための基礎資料を得ることを目的に5年ごとに実施されており，ボランティア活動経験の有無や頻度等に関する項目が含まれている。過去1年間にボランティア活動を行った人について，10歳以上人口に占める行為者数の割合の推移を図4.1に示す。

　2021年調査では，ボランティア活動の行為者数は2,005万6千人で，行為者率は17.8％だった（総務省統計局，2022：21）。なお，このときの調査が対象とする1年間は，新型コロナウイルス感染症によって人々の行動に変化が生じた時期であるため，単純にそれ以前の調査と数値を比較することはできない点に留意する必要がある[1]。2001年調査から2016年調査の状況からは，全体的に大

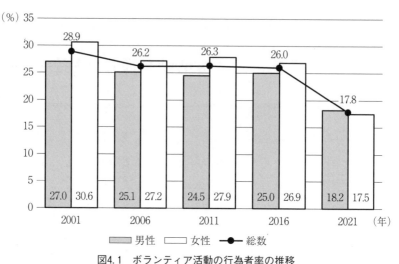

**図4.1　ボランティア活動の行為者率の推移**

出典：e-Stat(2)にて公表されたデータをもとに筆者作成

きな数値の変化はみられず，30％を少し下回る行為者率であることや，男性よりも女性の方が行動者率がやや高いといった特徴が読みとれる。

　年齢別の行為者率の推移を図4.2に示す。先述の通り，2021年調査での行為者率が低いことは年齢別の結果にも表れているものの，全体的な傾向はほぼ変わらず，30代後半から50代前半にかけてと，60代後半の行為者率が高いという2つのピークがあることがわかる。また，青年期においては，10代前半がもっとも行為者率が高く，年齢があがるにつれて徐々に低まっていく傾向がうかがえる。

　大学生を対象とした調査によると，大学入学後に「自主的に」または「大学の授業やゼミの一環で」ボランティア活動・社会貢献活動に参加したことがある学生は37.5％だった。内訳をみると，「自主的に参加」は30.7％，「授業等で参加」は14.4％であり，学年による明確な差はみられなかった（国立青少年教育振興機構青少年教育研究センター（編），2020：4）(3)。社会生活基本調査の結果（図4.2）に比べて経験者は多いことから，大学という環境や学生という期間は，ボランティア活動をより身近なものにしていると考えられる。

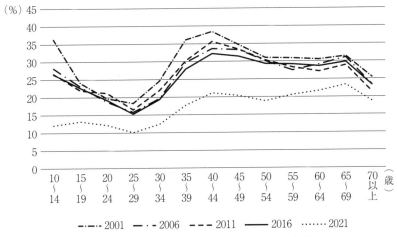

**図4.2　年齢別ボランティア活動の行為者率の推移**

出典：e-Stat にて公表されたデータをもとに筆者作成

## 2．ボランティアとは何か

　ここまで，特に説明することなく「ボランティア」という言葉を使ってきた。廣瀬（2013：1）は，ボランティアという言葉は，英語の volunteer がそのまま翻訳されずに日本語（外来語）として定着し，現代の日本社会では広く周知され，単なる社会現象としてではなく，社会を構成するシステム，あるいは価値として認識されているが，その言葉や意味が十分な咀嚼のないままに日本社会に受容されている側面があると指摘している。確かに，言葉の意味やその性質を知らなくても活動することに支障はないが，ここで一度，ボランティアとは何かを整理しておきたい。

　先ほど紹介した社会生活基本調査では，図4.3に示す定義が用いられている。

　また，生涯学習審議会（1992：17）による「今後の社会の動向に対応した生涯学習の振興方策について（答申）」では，「ボランティア活動は，個人の自由意思に基づき，その技能や時間等を進んで提供し，社会に貢献することであり，

> **▼ここでいう「ボランティア活動」とは**
> 以下の要件を満たすものをいいます。
>   ① 自発性…自らの意思に基づく行動
>   ② 貢献性…他の人々や社会の福利の向上を目的とした行動
>   ③ 無償性…労働の対価（報酬，賃金など）を目的としない行動
> ただし，以下の活動は，ここでいう「ボランティア活動」に含みません。
> 〔宗教活動，政治活動，消費者運動，市民運動，権利主張や政策提言型の運動〕
> ・活動のために交通費など，実費程度の金額の支払を受けても報酬とみなさず，その活動
> 　はボランティア活動に含めます。
> ・ボランティア団体が開催する催物などへの単なる参加は，個人の楽しみとしての「趣味・
> 　娯楽」，「スポーツ」などに当たり，「ボランティア活動」には含めません。

**図4.3　社会生活基本調査の定義**

出典：総務省統計局（2021：15）をもとに筆者作成

ボランティア活動の基本的理念は，自発（自由意思）性，無償（無給）性，公共（公益）性，先駆（開発，発展）性にあるとする考え方が一般的である」とまとめられている。中央社会福祉審議会地域福祉専門分科会（1993：195）「ボランティア活動の中長期的な振興方策について（意見具申）」においては，「ボランティアは，一般的には，自発的な意志に基づき他人や社会に貢献することをいい，その基本的な性格としては，一般に，『自発性（自由意志性）』『無給性（無償性）』『公益性（公共性）』『創造性（先駆性）』がいわれている」とまとめられている。

　このように，調査や文書で用いられている定義をみると，共通する内容が含まれていることがわかる。ここでは，次の4つの性格について，順に確認していく。

### (1)　自発性

「自発性」とは，自主性，主体性といった言葉が用いられることもあるが，自発的な意思にもとづく主体的活動であること，誰からも強制されない活動であることを指す（廣瀬，2013：5）。草地（1995：175）は「いわれなくてもやる，いわれてもしない」と表現しているが，活動することだけでなく，活動しない

ということも，自分自身で決めることができる。ボランティア（volunteer）は，「〜を欲する」「喜んで〜する」を意味するラテン語 volo を起源とする言葉であるが，そこから考えても，この「自発性」がもっとも中核的な概念であるといえる（早瀬，1997：15）。

### (2) 公益性

「公益性」とは，社会性，公共性とも表現されるものであり，不特定多数の利益や公益を目指す活動であることを指す。ボランティア活動は，他人，地域や社会といった社会に対する働きかけ，関係づくり，変化を生み出す活動である（廣瀬，2013：8）。自発的に取り組むといっても，趣味の活動や仲間内の利益（共益），あるいは自分自身の利益（私益）のためだけにするのであれば，ボランティア活動とは呼べない（早瀬，1997：22）。とはいえ，これらの境界は固定的なものではなく，私益や共益から始まった営みが公益的な価値をめざすことも少なくない（早瀬，1997：23）。たとえば，共働き家庭の子育ての悩みや，離れて暮らす高齢家族の介護の問題など，自分自身が抱える困りごとに向き合う中で，同じような状況にある他者と出会い，自分だけの問題ではないことを知ったり，既存の各種制度ではカバーしきれない問題に直面して，改善の必要性を認識するなど，より広い視点で問題をとらえるようになり，現状を変えることを目指してボランティア活動に携わっていくこともあるだろう。「自発」という言葉には，「自らの発意で」という意味に加えて，「自らの身近な問題・関心から発して，世界に広がる」という意味もあり（早瀬，1997：23），公共性・公益性へとつながっていくといえる。

### (3) 無償性

「無償性」は，金銭的利益を目的としたり労働としての対価を求めたりしない非営利の行為を指す。これは，アルバイトなどの労働との違いを示しており，ボランティアの特徴として広く認識されているものである。

　ボランティア活動をする上では，活動に必要な費用は参加者自身が負担する

ことが原則である。しかし，交通費や活動に使用する道具(軍手やごみ袋など)，お弁当や飲み物などが提供される場合もある。これは，「ボランティア活動に対する支援」の一つであり，参加するハードルを下げる意味がある(廣瀬，2013：11)。たとえば，2020年東京オリンピック・パラリンピック競技大会のボランティアの募集要項では，「活動にあたりお渡しするもの」として，ユニフォーム一式，活動中の飲食，ボランティア活動向けの保険，活動期間中における滞在先から活動場所までの交通費相当が提供された。このように，金銭も含めて何らかのサポートがなされることはあっても，自ら「報酬を求めない」(廣瀬，2013：11) ことがポイントとなる。

### (4) 先駆性

　開拓性，創造性，開発性，発展性などと表現されることもあるが，新しい分野や問題に対してより積極的に取り組み，社会を開発していくことを指している (中央社会福祉審議会地域福祉専門分科会，1993：195)。何らかの社会的課題に行政が取り組む場合は「公平な分配」が基本であり，理由なく特定の人や地域に重きが置かれたり，有利な配分が行われるようなことはあってはならない。また，民間の企業が営利目的で取り組む場合，採算が見込めなければ活動は行われなかったり，継続されなかったりする。ボランティアはこうした点に縛られることなく，工夫しながら自由に活動を行うことができる。

　2019年9月に台風の被害が生じた際，自治体がSNS上で，屋根に上ってブルーシートを張る専門技術をもっているボランティアを募集したことがある。専門性があり危険も伴う作業にボランティアを募る呼びかけに対し，「きちんと対価を支払ってやるべきだ」「危険が伴う作業です。さすがにボランティアでやらせる仕事ではないですよ」といった批判的な意見が多数寄せられた。こうした考えに対して，市ボランティアセンター長 (斉藤大輔氏) は，対価を払って行政がやるべきだという指摘に理解を示す一方で，行政が取り組むためには煩雑な手続きがあり，それを経て専門業者を待つ間，被災者は放置されてしまうことや，ブルーシート張り以外にも，瓦礫の撤去や倒木処理など，危険な作

業を伴うボランティア活動は多岐にわたるのに対し，対価を支払うか否かをどこで線引きするのか，といった課題を指摘した（青木，2019）。ボランティアであれば，支援を必要とする人や場所に素早く赴き，状況に合わせて臨機応変に対応することができる。先述の斉藤氏も「まず『先発隊』としてボランティアの力を借り，いずれ行政が企業と契約して全面的にシート張り出し作業ができる体制になれば，その時点でボランティアを打ち切ればいい」と述べている（青木，2019）。この事例は，行政とボランティアの役割の違いや「先駆性」の性格をわかりやすく示しているといえる。

　ここまで，ボランティアの4つの性格について概観したが，自分自身のボランティア経験を振り返ったときに当てはまらないケースもあるかもしれない。これらは，ボランティアの特徴を具体的に表現するとともに，ボランティアとそうでないものを区別する必要性によって示されたものである（廣瀬，2013：2）。当てはまらなかったからといって，決して「活動として間違っていた」「良くない活動だった」わけではないことに留意したい。

　また，はじめからこうした性格を意識しながら活動に参加するわけではないことも多いだろう。内容に特別関心をもっていたわけではないけれど，たまたまボランティア募集のポスターを目にして，時間があったので参加してみたり，友人に誘われて付き添いで参加するようなこともあるかもしれない。活動しているうちに次第にその社会性や公共性に気づいていくのが現実であり，最初から社会変革をめざして活動するという事例はむしろレアケースとも指摘されている（廣瀬，2013：2）。何かのきっかけでその活動について振り返る機会があり，こうした性格に気づいていくこともあるだろう。

　ところで，このようなボランティアの性格について講義をすると，「同じだけ自分の時間を使うなら，報酬がもらえるアルバイトの方がいい（だから自分はボランティアはやらない）」と一刀両断するような意見が出ることは少なくない。もちろん，先述の通り，やるもやらないも自分の意思で決められるのがボランティアであるから，「やらない」という選択は否定されるものではないが，

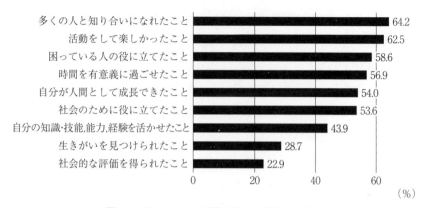

**図4.4 ボランティア活動を通して満足した割合**

出典：経済企画庁国民生活局（2000）をもとに筆者作成[4]

　金銭的報酬の有無のみで判断するのは，いささか早計である。筒井（1998：10）は，ボランティア活動の本質は，①自分の意思で行う（自発性），②自分や身内のためだけにするのではない（社会性・公益性）の2点であり，この2つからほかの性格が派生していったと指摘している。報酬ありきで考えるのではなく，「自発的な意思なるがゆえに無償でもその活動に参加する（廣瀬，2013：5）」「自分がやりたいことだから，身銭を切ってでもやる（筒井，1998：10）」という発想である。また，金銭的報酬ではなく，活動によって何かを得ること（活動による成果）に着目する考え方もできる。国民生活選好度調査（経済企画庁国民生活局，2000：9）では，ボランティア活動を通して満足した事柄について尋ねている（図4.4）。「多くの人と知り合いになれた」（64.2%），「自分が人間として成長できた」（54.0%）など，多くの人がボランティア活動から得るものがあったと感じていることがわかる。このような側面は，「自己成長性」「人間形成性」「学習性」といったボランティアの性格として紹介されることもある（たとえば，新崎，2005：26；藤田，2008：5-6）。幅広い視点からとらえていくことが重要である。

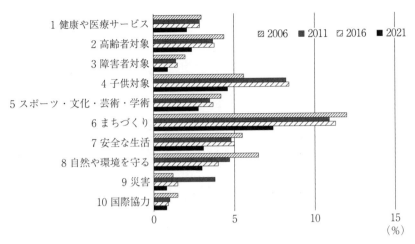

図4.5　ボランティアの種類別行為者率（10歳以上）

出典：e-Stat にて公表されたデータをもとに筆者作成

## 3．ボランティア活動の多様な領域

　ボランティアは，実に多様な領域で活動が行われている。表4.1は，先述の社会生活基本調査で例示されているボランティア活動の種類である（総務省統計局，2021：23）。「その他」も含め，大きく11のカテゴリに分けられ，さらにそれぞれの中にも多様な活動があることがわかる。

　図4.5は，2006年から2021年調査の種類別行動者率を示している。調査時期によって細かな違いはあるものの，全体的な傾向として，「まちづくりのための活動」がもっとも多く，次に「子供を対象とした活動」が多く行われていることがわかる。また，2011年調査では「災害に関連した活動」が他の時期の調査に比べて突出して多いことが読み取れる。この調査では，2010年10月から2011年10月の活動についてたずねており，2011年3月に発生した東日本大震災に関連したボランティア活動に参加した人が多かったものと考えられる。このように，ボランティア活動の状況を通してその時々の世相をうかがい知ることもできる。

88

表4.1　社会生活基本調査におけるボラン

| ボランティア活動の種類 | | 内容 |
|---|---|---|
| 1　健康や医療サービスに関係した活動 | | ・献血，献血活動への呼びかけ<br>・巡回医療・診療<br>・健康相談<br>・薬に関するデータ提供 |
| 2　高齢者を対象とした活動 | | ・高齢者と若者（子供）との交流の場づくり<br>・高齢者へのレクリエーション指導および相手<br>・生きがいづくりのための技能指導<br>・ひとり暮らしの高齢者を家庭に招待 |
| 3　障害者を対象とした活動 | | ・盲児・し体不自由者の学校などへの誘導<br>・障害者の学習指導<br>・障害者へのレクリエーションまたは技能指導<br>・在宅障害者への友愛訪問，訪問介助サービス |
| 4　子供を対象とした活動 | | ・赤ちゃん相談，子育てサロン<br>・児童遊園地などでのレクリエーション指導<br>・子供会や子育て団体の援助・指導 |
| 5　スポーツ・文化・芸術・学術に関係した活動 | スポーツ | ・スポーツ教室における指導 |
| | 社会教育 | ・各種講習会の開催 |
| | 文化・芸術 | ・音楽家・芸術家の育成支援<br>・市民劇団の開催　演劇の鑑賞会の企画 |
| | 学術 | ・調査研究，情報収集及び提供 |
| 6　まちづくりのための活動 | | ・道路に花を植える　道路・公園などの清掃<br>・駅の自転車置き場の整理 |
| 7　安全な生活のための活動 | | ・地域の危険場所点検のための巡回<br>・通学路の安全確保活動 |
| 8　自然や環境を守るための活動 | | ・廃油を使った石鹸作りの指導<br>・海浜美化活動（ゴミ集め）<br>・環境教育の活動 |
| 9　災害に関係した活動 | | ・救援物資の確保・輸送<br>・災害復旧のための資金の募集・現地での労力奉仕 |
| 10　国際協力に関係した活動 | | ・国際交流・国際親善<br>・海外技術協力 |
| 11　その他 | | ・人権相談<br>・情報システム技術の提供<br>・上記に挙げる活動を行う団体の運営または活 |

出典：総務省統計局（2021：23）をもとに筆者作成

ティア活動の内容例示

| 例示 |
| --- |
| ・病院における活動（利用者サービスの向上のための協力，環境整備のための活動，入院患者の生きがいづくりのための活動） |
| ・高齢者の見守り活動や散歩相手，話し相手<br>・寝たきりやひとり暮らしの高齢者への給食サービス<br>・介護サービス |
| ・障害者の社会参加協力（車イスの提供など）<br>・点訳・朗読・レコーディング・手話などの奉仕<br>・難病者への支援 |
| ・児童の学習指導<br>・児童保育<br>・学校行事の手伝い |
| ・スポーツ会場の警備 |
| ・社会人大学の講師 |
| ・伝統文化の継承と普及<br>・郷土の歴史研究 |
| ・学会・研究会・勉強会の支援 |
| ・都市と農村の交流<br>・地域団体のリーダーとしての活動　村おこし・地域おこしの活動 |
| ・交通安全運動<br>・「火の用心」の巡回 |
| ・野鳥の観察・保護<br>・砂漠の緑化活動（または植林活動） |
| ・炊き出しなどの災害時の救援<br>・災害後の被災者への救援 |
| ・海外への食料援助<br>・留学生支援 |
| ・生活保護者の支援<br>・消費者相談<br>動に関する連絡，助言または援助の活動 |

## 4．参加の方法
### ：既存のサークルや NPO 団体等を探す，立ち上げる

　ボランティアに関心をもち，実際に活動してみようと思ったとき，どのような方法があるだろうか。そこには，「個人で活動するか，グループで活動するか」「新しく活動を始めるか，既存の活動（団体等）に参加するか」といった選択肢がある。

　より一般的なのは，個人であれグループであれ，既存の活動（団体等）に参加する方法だといえる。まずは，地域のボランティア活動に関する情報を収集することが出発点となるだろう。そうした情報は，各地域に設置されたボランティアセンターや市民活動センターなどに集約されている。市役所や図書館，公民館などの公共施設に，メンバー募集のチラシやボランティアが主催するイベントや講習会のチラシが置かれていることも多い。また，インターネット上にも，ボランティアの情報を集約したサイトが多数開設されている。たとえば，「activo（https://activo.jp/）」は国内最大級の募集サイトであり，登録された活動を「エリア」「テーマ」「対象年齢」などで絞り込んで検索することができる。また，各地域の団体が開設しているサイトとして，たとえば東京ボランティア・市民活動センター（TVAC）が管理する，ボランティア・市民活動の情報サイト「ボラ市民ウェブ（https://www.tvac.or.jp/sagasu/?cat=volunteer）」などがある。都道府県や市区町村のサイトで「ボランティア」と検索し，情報を得ることもできる。

　膨大な情報の中から自分に合った活動を探すためには，次の３つのステップが考えられる（図4.6）。はじめに，関心のある分野やテーマについて考え，そのような活動をしている団体はあるのかを探してみる。次に，活動内容について具体的に考える。同じ分野・テーマであっても，団体によってさまざまな活動がある。たとえば動物愛護活動に関心を持った場合，団体によって猫・犬・鳥など，対象とする動物が異なったり，保護した動物の世話をしたり，譲渡会をしたり，避妊手術を受けさせたりと，多様な活動が行われている。そうした

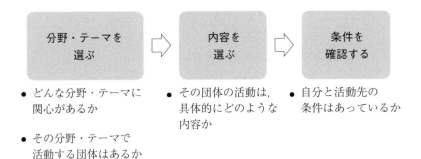

図4.6　ボランティア活動先の探し方

出典：菅井（2006：91）をもとに筆者作成

情報の中から，やってみたいと思うものや，自分にとって無理なくできるものはどのようなものかを考えていく。そして最後に，活動先と条件は合うかを確認する。たとえば，日時や場所，活動の頻度に加えて，交通費などの自己負担の範囲を確認することも大切だろう。

　ボランティア活動を行っている団体を調べると，「NPO」という言葉を目にする機会は多い。NPO とは「Non-Profit Organization」を略したものであり，「非営利組織（営利を目的としない組織）」と訳され，法人格を取得した団体は「NPO 法人」と呼ばれる。英語の構文「not A, but B」をこの言葉に当てはめると，「Not-for-profit, but-for-mission Organization」であり，「利益のためではなく，社会的もしくは公共的使命実現のために活動する組織」ととらえることができる（水谷，2017：41）。NPO の非営利性は，組織の構成員や関係者に対する剰余金等の「非配当・非分配」という原則を意味するものであり（水谷，2017：43），活動によって利益が出た場合には，それを繰り越してその後の活動に活用していく。NPO は公共的なミッションを実現するために，利益の分配を禁じることで，"公器"という位置をなしている組織だと言える（水谷，2017：44）。行政や民間企業とともに，社会を支える「第三の柱」として，大きな期待が寄せられている。なお，団体の民間性を重視する呼称として NGO（Non-Governmental Organization：非政府組織）がある。世界的な問題に取り組む市

民社会組織であり，日本では国外で活動する団体に対して使われることが多い。

　ボランティア活動をする上では，既存の活動（団体等）に参加する以外にも，個人で，あるいは仲間を集めて新たな活動を始めることも可能である。一人で取り組む場合には，活動内容や時間，場所などを自由に決めることができる利点がある。その一方で，起こり得る問題やリスクに対し，自分自身で対処していくことが求められる。そのため，ボランティアセンターやコーディネーターを介する方が望ましいこともある。それを介さないのであれば，問題が起きたときのサポーターや調整者が必要であり，相談できる人を見つけ，自分自身のネットワークやブレーンをつくっていくことが大事である（竹村，2005：99）。

　仲間とともに新たな活動を立ち上げる場合，先述のNPO法人を設立するという選択肢もある。これには，「個人より信用がつくりやすい」「契約の主体となれる」「地方自治体や他の団体の事業を受託しやすい」「海外での活動がしやすい」等のメリットがある（大澤，2014：55-57）。ただしその一方で，法人格を取得することによってさまざまな手続きを行う義務も発生する。そこまでのものではなく，ボランティアサークルなどの任意団体を立ち上げることも可能である。大学生の場合は，大学のUSR（University Social Responsibility；大学の社会的責任）の一貫としてこのような活動に対する支援が行われることもある。たとえば東海大学では，2006年度から学生が企画立案したプロジェクトに対する支援を行っており，これまでに，まちづくりや地域活性，病院での活動など，さまざまなボランティアを行うプロジェクトが誕生している（https://www.u-tokai.ac.jp/campus-life/challenge/project/）。

## 5．ボランティア活動におけるルールやマナー

　ボランティア活動は，人と人とが関わり合うものである。「ボランティアをする人」と「支援を受ける人」といった立場の違いや，同じ「する人」であっても，性別や年齢，職業など，多様な属性の人が集まったり，活動に至る思いはさまざまであったりする。よりよい関係をもって活動していくためには，気に留めておきたいルールやマナーがある。

表4.2　ボランティアの心がまえ

| あいさつは基本 | ボランティアに限りませんが，あいさつはコミュニケーションの基本です。気持ちのよいあいさつは相手に好印象をあたえるだけでなく，信頼感もあがります。 |
|---|---|
| 身近なことから | 私たちの身近には様々な問題があります。まずは自分の身のまわりを見直して，気がついたところから始めてみましょう。 |
| 相手の立場になって | 活動には相手がいます。相手が何を求めているかを理解するために当事者や関係者の声にじっくり耳を傾けましょう。良かれと思って何でも手助けしてあげることは相手が求めていることではないことがあります。 |
| ルール・約束・秘密を守る | ボランティアは相手との信頼関係で成り立っています。活動で知り得た個人情報を漏らさない，ルール・約束・時間は守るなど常識的なマナーを心がけましょう。もし何かの事情で時間に遅れる場合や欠席する場合は必ず連絡をしましょう。 |
| 無理せず継続 | せっかく始めた活動ですから自分の生活環境やリズムにあわせて無理のないように継続しましょう。もし無理な場合や自分には難しいことを頼まれたときには，きちんと断ることも必要です。活動を続けていくうちに新たな学びや経験，楽しみが増えていくでしょう。 |
| 安全対策 | 万一の事故に備えて安心して活動できるように安全点検や対応を考えておきましょう。ボランティア保険も必要であれば加入しておきましょう。 |

出典：http://v-info.minoh-npo.com/manner/index.html をもとに筆者作成（最終アクセス 2024年 1月25日）

　たとえば，大阪府の箕面近隣のボランティア情報を案内している「v-info（http://v-info.minoh-npo.com/）」では，ボランティアの心がまえとして，表4. 2の6項目を挙げている。どれも非常に基本的なことではあるが，どのような分野の活動にも当てはまる，人と人とが関わり合う上で大切なことがまとめられている。

　表4.3は，早稲田大学平山郁夫記念ボランティアセンター（WAVOC）が災害支援に行く学生に向けて提示した「学生災害支援ボランティアの心得10か条」である。これは災害ボランティアに特化した内容となっており，かなり具体的な内容が含まれている。被災地や被災者に対する強い思いで活動に臨むボランティアに対し，一歩引き留めるような様子も見せつつ，ボランティアと被災者

表4.3　学生災害支援ボランティアの心得10か条（WAVOC）

| 第1条　ボランティア保険（災害プラン）に入る | ボランティアの基本は「自己責任」です。何か事故や病気があっても自分で対応することになります。保険に入ることはそのための準備になります。 |
|---|---|
| 第2条　不眠不休で頑張らない | 被災地では気持ちも高ぶり使命感から精一杯活動することになりがちです。<br>しかし，疲労から体調を崩すのは相手に迷惑になります。活動中でも休む判断をすることが大切です。 |
| 第3条　被災地では信頼できる人と一緒に行動する | 活動をするにあたっては安全に十分に注意してください。被災地で起こりがちな危険な問題に巻き込まれないためにもできるだけ単独行動は避けてください。 |
| 第4条　まずは相手の話を共感的に聞く | 被災者を少しでも元気づけようと「○○さんの分まで頑張ってください」「元気になってください」と言いがちです。励ましの言葉を軽々しくかけないことも大切です。 |
| 第5条　被災者が自分たちでやる仕事を取らない | 被災地に行くとできることをすべて「やってあげたい」という気持ちになりがちです。<br>しかし，復興するのは現地の人たちです。その力をどう応援できるかが大切です。 |
| 第6条　涙が止まらなくなったら活動をやめる | 悲惨な現状や嗚咽する人などに接する場合，自分も心の傷を受けることがあります。<br>自分の心をコントロールできない時はその場から離れたり自宅に帰る決断をしてください。 |
| 第7条　できないことは「出来ません」とはっきり断る | 被災した人の依頼を断るのは難しいことです。しかし，無償のボランティアでも「やります」と言ったことには責任が伴います。無責任にならないように行動することが必要です。 |
| 第8条　相手の感情に巻き込まれ過度な哀れみや同情をしない | 被災者の話を聞くことで感情が揺さぶられることもあります。しかし，「かわいそう」と思うことが相手の支援になるわけではないことを知っておきましょう。 |
| 第9条　子どもと遊ぶときなどは過度に喜ばせようとしない | ボランティアのお姉さんやお兄さんと遊ぶ体験は子どもにとってはうれしい時間です。<br>しかし，非日常で興奮したあとの面倒は誰かが見ることを意識してください。 |
| 第10条　ボランティア活動の運営について批判はしない | 被災地のボランティア活動では「仕事がない」，「指示が悪い」などの批判もあります。<br>しかし，憤慨しても何も生まれません。できることは何かを自分で考えて行動しましょう。 |

出典：https://www.waseda.jp/inst/wavoc/news/2018/07/10/1059/ をもとに筆者作成（最終アクセス　2024年1月25日）

双方にとってよりよい活動になるようにまとめられた内容だといえる。

　このほかにも，新型コロナウイルス感染症の影響下にあったときには，日本財団ボランティアサポートセンター（https://www.volacen.jp/）は「ボランティアガイド〜視覚障害者サポート with コロナ編」「ボランティアガイド〜聴覚障害者サポート with コロナ編」「ボランティアガイド〜車いすユーザーサポート with コロナ編」を公開した。このように，活動の内容やその時々の状況に合わせて，ボランティアが気をつけたいことがらについて検討され，情報が共有されている。

　また近年では，SNS の情報がボランティア活動に影響を及ぼす事例も多数みられている。平成30年7月豪雨では，西日本を中心に河川の氾濫や浸水害，土砂災害が発生して広域的に被害が生じ，多くのボランティアが活動した。このとき，支援物資を受け付けていない場所が受け入れ先として SNS 上で大量に拡散され，物資が集まり，意図せず受け入れることとなった店舗で混乱が生じたという出来事があった。また別件として，行政が公式 SNS で次のようなメッセージを発信し，話題になった。「現在，個人の方からの救援物資を受け付けていませんが，○○橋前に沢山の支援物資が置かれており，自衛隊の通行の妨げになり困っています。お気持ちは大変ありがたいのですが，支援物資を○○橋前に置かないようお願いします」。どちらも，ボランティアによる行動が被災地を混乱させることになってしまっている。ニーズに合った活動をすることの大切さがよくわかる事例といえる。

　すでに確認したように，ボランティア活動の出発点は「自発性」にある。しかしながら，自らの意思で行うからといって，自分の側だけが尊重されるべきものではなく，関わる人や状況に広く目を向け，すべての人にとってよりよい活動を目指していくことが大切だといえる。

## Exercise 4

(1) これまでに経験したことのあるボランティア活動について，4つの性格の観点から振り返ってみよう。

(2) NPOは多様なジャンルで活動しています。あなたの好きなものに関連するNPOはあるか，どのような活動をしているのか，調べてみよう（たとえば，「ネコ×NPO」「音楽×NPO」など）。

(3) あなたの生活にボランティアの人が関わることになった場面を想像してみてください。「こんなボランティアは困る！」という事例を考えてみましょう。それを踏まえてボランティア活動におけるルールやマナーについて話し合ってみよう。

### ✎ 注

(1) 2021年調査は，2020年10月20日から2021年10月19日までの過去1年間の自由時間に該当する活動を行った状況について尋ねている。新型コロナウイルス感染症の拡大に伴う2回の「新型コロナウイルス感染症緊急事態宣言」を含んだ期間となっており，感染症の影響による三密回避の日常化や数度の行動制限により，前回調査となる5年前の2016年に比べ，自由時間における生活行動の状況について様々な変化を伴った結果となっている（総務省統計局，2022：17）。

(2) 各府省が公表する統計データがまとめられたポータルサイトである。

(3) 2019年3月上旬に4年制大学および短期大学の学生を対象としたWeb調査（有効回答2,176名）の結果をもとにしている。この調査では，「ボランティア活動・社会貢献活動」を，①自主的に参加したもの（サークル等での活動も含む）だけでなく，②大学の授業やゼミの一貫で参加したもの（単位にかかわるもの）の双方を含むものとしてとらえている。ただし，「アルバイト」「インターン」「資格のための実習」は含まれない（国立青少年教育振興機構青少年教育研究センター編，2020：4）。

(4) 2000年5～6月に，15歳以上70歳未満の男女5,000人を対象に調査を実施したものである（有効回答数 3,972人）。ボランティア活動を「現在している」「過去にしたことがある」と回答した1,238人に対し，ボランティア活動をしていて各事柄についてどの程度満足したか（満足しているか）をたずねている。数値は「満足」「どちらかといえば満足」と回答した人の割合の合計を示している。

### 📖 引用・参考文献

青木正典（2019）「台風被災地が『専門技術あるボランティア』を募集せざるを得ない理由 「タダでやらすな」で済まない事情がある」J-CASTニュース 2019年9月20日.

https://www.j-cast.com/2019/09/20368172.html?p=all（最終アクセス 2023年9月16日）。

中央社会福祉審議会地域福祉専門分科会（1993）「ボランティア活動の中長期的な振興方策について（意見具申）」
https://www.ipss.go.jp/publication/j/shiryou/no.13/data/shiryou/syakaifukushi/475.pdf（最終アクセス 2023年9月18日）。

藤田久美（2008）「第1章ボランティアの基礎知識1 ボランティアとは」藤田久美編『大学生のためのボランティア活動ハンドブック』ふくろう出版。

早瀬昇（1997）「『ボランティア』の理解」認定特定非営利活動法人日本ボランティアコーディネーター協会編，早瀬昇・筒井のり子著『ボランティアコーディネーション力 第2版―市民の社会参加を支えるチカラ　ボランティアコーディネーション力検定公式テキスト』中央法規。

廣瀬隆人（2013）「ボランティアとは何か」田中雅文・廣瀬隆人編著『ボランティア活動をデザインする』学文社。

経済企画庁国民生活局（2000）「平成12年度国民生活選好度調査―ボランティアと国民生活―（要旨）」
https://warp.da.ndl.go.jp/info：ndljp/pid/10361265/www5.cao.go.jp/seikatsu/senkoudo/2000/1221c-senkoudo-s.pdf.（最終アクセス 2023年9月18日）。

国立青少年教育振興機構青少年教育研究センター編（2020）「大学生のボランティア活動等に関する調査」報告書。
https://koueki.net/user/niye/110361383-1.pdf　（最終アクセス 2023年9月18日）。

草地賢一（1995）「市民とボランティア」酒井道雄編『神戸発阪神大震災以後』岩波書店。

水谷綾（2017）「NPOとは何か～パブリックな存在として」社会福祉法人大阪ボランティア協会編『テキスト市民活動論　第2版：ボランティア・NPOの実践から学ぶ』社会福祉法人大阪ボランティア協会。

新崎国弘（2005）「ボランティア活動とは」岡本栄一監修，守本友美・河内昌彦・立石宏明編著『ボランティアのすすめ：基礎から実践まで』ミネルヴァ書房。

大澤史伸（2014）『福祉サービス論：ボランティア・NPO・CSR』学文社。

総務省統計局（2021）「令和3年社会生活基本調査　調査票の記入のしかた【調査票A】」
https://www.stat.go.jp/data/shakai/2021/pdf/kinyua.pdf（最終アクセス 2023年9月18日）。

総務省統計局（2022）「令和3年社会生活基本調査　生活時間及び生活行動に関する結果 結果の概要」https://www.stat.go.jp/data/shakai/2021/index.html（最終アクセス 2023年9月18日）。

菅井直也（2006）「ボランティア活動の探し方」岡本榮一・菅井直也・妻鹿ふみ子編『学生のためのボランティア論』社会福祉法人大阪ボランティア協会。

生涯学習審議会（1992）「今後の社会の動向に対応した生涯学習の振興方策について（答申）」

98

https://www.bunka.go.jp/tokei_hakusho_shuppan/hakusho_nenjihokokusho/archive/pdf/93790601_03.pdf（最終アクセス 2023年9月18日）。

竹村安子（2005）「ボランティア活動の実践」岡本栄一監修，守本友美・河内昌彦・立石宏明編著『ボランティアのすすめ：基礎から実践まで』ミネルヴァ書房。

筒井のり子（1998）「施設におけるボランティアコーディネートとは」筒井のり子監修『施設ボランティアコーディネーター――施設とボランティアの豊かな関係づくりにむけて――』大阪ボランティア協会。

　私たちは，常に「助ける側」または「助けられる側」のいずれの立場に自分を置き，支援－被支援の関係を固定的にとらえがちである。これを越えて，「助ける」「助けられる」という立場が揺らぐことを，リアリティをもって理解することは実はかなり難しい。

　固定的な支援－被支援の関係を越えてともに育ち合う場は，誰のどのような思いと行動によって創り出されていくのだろう。ここでは，東海大学を舞台に，模索を続けて人生を切り拓いた聴覚障害学生と，そのような学びの場を支え続ける市民サークルから考えたい。

## ◆リレーコラム1◆ろう者・難聴者の学生と歩んだ20年
### ：市民団体の立場から

　2003年10月，神奈川県伊勢原市にてろう児・難聴児支援を目的とした，市民によるボランティア・サークル「やまびこ」を設立した。翌年4月，「隣に座って，1行でも良いので書いてください」というろう者・難聴者の学生の叫ぶような思いと出会い，私たちはノートテイカーとして東海大学に関わることとなる。

　「ノートテイク」とは，ろう者・難聴者の学生が授業を受ける際，隣に座り授業1コマ毎に2名1組となり，講義内容や教室内で起こっていることを，手書きまたはパソコンで文字化することである。

　当初は，「やまびこ」メンバーのみで対応していたが，ろう者・難聴者の学生の増加に伴い，学生ノートテイカーを育成することとなる。ろう者・難聴者の学生の所属する手話サークルへの声掛け，そしてろう者・難聴者の学生の在籍する学科の先生方の協力を得て希望者を募り，手書き・パソコンに分かれての講習会を行う。その後，実際の授業に入り実技研修となる。研修では，必ず「やまびこ」メンバーと学生ノートテイカーがペアとなり，入力法，要約法，文章構築法など，ノートテイカーが独り立ちできるまで指導していく。

　年を追うごとに学生ノートテイカーも増え，授業前後に，ろう者・難聴者の学生と学部が違う2名の学生ノートテイカーが，手話を交えながら楽しそうに話している微笑ましい光景を目にすることが多くなった。

　小・中・高と普通校で，ノートテイクを知らずに大学に入学したろう者・難聴者の学生は，大学で初めてノートテイクを付けた時の感想を興奮気味に話してくれた。「こんなに多くの言葉が話されていることに驚いた」「授業内容が理解できた」「一番うれしかったことは，周りの皆が笑っている内容が理解できたこと」…。その嬉しそうな表情が忘れられず，今でも私たちはノートテイカー育成を続

けているのかもしれない。

　他方，大学のゼミの先生に勧められ，軽い気持ちで始めた学生ノートテイカーは，次のように語ってくれた。「利用者と関わるうちに，どのようなノートテイクをしたら理解しやすいか考えるようになった」「ろう者・難聴者と関わりを持つことができて嬉しい」「自分自身のタイピングの向上にもなった」「他学科の授業のノートテイクをすることで知識が増える」「授業時間（100分）の集中力が身につく」「空いた時間を有意義に過ごすことができる」「要約力が身につく」――。どの学生ノートテイカーも，前向きな意見，感想を述べている。そして次の学期にも，自分の空き時間にノートテイクの希望を出してくる。

　私たち支援者は，ろう者・難聴者の学生と学生ノートテイカーとの関わりを，遠くから見つめる立場でもある。授業の前後には，必ず笑顔で挨拶をしている。ろう者・難聴者の学生は，手話，口話，筆談で，学生ノートテイカーと笑顔を交えながら，とっても楽しそうに話しをしている。学生ノートテイカーも，ろう者・難聴者の学生に手話を教えてもらい，一生懸命手話で会話をしている。そして卒業時には，タイピングスキルもアップ，手話もノートテイクに必要な会話ができる程度まで上達している。無意識の中で，お互いを高め合う関係になっているようだ。

　「やまびこ」も，20年の歳月が経過し，気づくとろう者・難聴者の学生約60名，学生テイカー約300名を社会に送り出していた。社会人になっても連絡が届く学生もいる。学生時代の様子を思い出し，思わず笑みが溢れる。

　ボランティアは「してあげる」「してもらう」関係になりがちだが，ノートテイクを通して，ろう者・難聴者の学生も学生ノートテイカーも自分のプラスになるものを見つけられたからこそ，続けられたのではないか。

　市民団体である私たちが，大学でのノートテイクやその育成を通して，人とのつながり，楽しみ，学びを得ることができたことは，宝物であり誇りでもある。感謝の気持ちしかない。

（鍛代晴美・仲昌代／ボランティアサークル「やまびこ」）

## ◆リレーコラム2◆出会いがつないでくれた私の未来
### ：ある卒業生の経験から

### 一人で悩み続けた自分

　聴覚障害があり，大学への合格が決まった私に届いた通知は，「大学に入学することを認めるが，大学は支援に関与しない，それに了承しなさい」と書かれた文書だった。2000年頃の大学の対応は，このような対応が当たり前の時代であり，何も疑問に思わずその書類にサインをした私は，大学入学後，授業が全く理解できないという大きな壁にぶつかった。私が東海大学開発工

海外研修航海　太平洋を進む望星丸のデッキで撮影

学部に入学した理由は，大学でプログラミングや音声認識について学び，ろう者・難聴者の役に立つアプリを作ることだった。しかし，授業も理解できないまま，周りの友人に質問しながら学んでいくことに限界があった。

　悩みを解決できないまま大学に通っていた私の目に飛び込んできたのが，「海外研修航海」の参加者の募集のポスターであった。道を見失いかけていた自分にとって，何かのきっかけになるのではないかと考え応募したところ，第32回海外研修航海のメンバーに選ばれ，1カ月半の研修航海に出た。船という閉鎖された環境の生活は，一緒に航海するメンバーとの協力関係が不可欠である。嫌になっても，海に飛び込んで逃げることもできない。これまで何も考えずに生きてきた自分が，初めてコミュニケーションができていなかったということに，島影ひとつ見えない大海原の中で気が付いたのである。今までは，ただひとりで悩んでいただけだった。ひとりで悩むのではなく，皆の力を借り，一緒に考えて行くことの必要性を強く実感した。

　船を下りた後，支援を受けられる方法を探すために，市役所の福祉課等を回り始めた。その中で，東海大学開発工学部（沼津キャンパス・当時）があった静岡県の要約筆記サークルが無償で支援を提供してくださった。要約筆記とは，ろう者・難聴者にその場の音声をリアルタイムで文字に書いて通訳する方法である。無償の支援を受けながら，なぜこのような支援が大学にないのか，福祉制度の仕組みに強い関心をもつようになった。便利なアプリを作ることが本当の支援なのか，もっと先に制度を充実させることをやらなくてはならないのではないかと強く感じたことをきっかけに，大学3年生から健康科学部の社会福祉学科に転学部

をし，福祉の視点から支援について考えるようになった。

　転学部した時に社会福祉学科には私を含め３人のろう者・難聴者の学生がいた。そして，聴覚障害を専門とする教員がいた。まだ，大学の中にも支援の制度はなく，手話サークルのメンバーを中心としたボランティアによるノートテイクの支援があった。無償のボランティアにやってもらうのは申し訳ないという気持ちはあったが，授業が理解できるという喜びが勝っていた。また，同時期に在籍していたろう者・難聴者のある学生と，大学の支援を受けて取り組む学生のプロジェクト「ユニークプロジェクト」を通してさまざまなイベントを開き，ろう者・難聴者でも色々なことができるという自信を深めた時期でもあった。また，地域の中学校に通うろう・難聴児のサポートを始めようという動きがあり，要約筆記サークルの「やまびこ」の初期の活動に間接的に関わる機会もあった。「やまびこ」のメンバーの皆さんや，大学の所在する神奈川県の要約筆記関係者との関わりを通して，日本の支援の現状について生で学ぶ機会が得られた。また，社会福祉学科の海外研修があり，その時にアメリカの福祉の現場や大学の支援体制を見たことをきっかけに，日本の現在の支援と海外の支援に大きな差があることに気づいた。

　その後，東海大学の大学院に進学し日本の支援の現況について研究したが，海外の支援について学びたいと感じていた。そのタイミングで，日本財団の聴覚障害者海外留学事業の第１期生の募集が始まった。運良く第１期生に選出され，アメリカの高等教育機関での障害学生支援の現場調査することになった。

### アメリカ留学で出会った新たな世界

　私の留学先はロチェスター工科大学（RIT：Rochester Institute of Technology）である。その学部のひとつである国立ろう工科大学（NTID：National Technical Institute for the Deaf）は，ろう者・難聴者を対象とした理系のコースが設置されている。私はNTIDの特別研修生として受け入れていただいた。1,000人を超えるろう者・難聴者の学生の支援ニーズを満たすためには，支援のための組織作りや支援者養成・配置の大がかりなマネジメントが必要となる。授業を受けるときに驚いたのは，プロの通訳者しか派遣されないことだった。学生が支援に入るのではなく，文字通訳も手話通訳もすべて専門のトレーニングを積んだプロの通訳者が支援に入るため，常に安心して授業を受けることができた。それだけでなく，大学内で行われるイベントであれば必ず通訳者が来ており，聞こえないという壁に遭遇することがなかった。

　それ以上に，障害のある学生が自分の障害を隠さず，教員に自分のニーズを説明する力をもっていた。渡米後まだ英語力が不十分だった私は聞こえる学生と一緒に手話通訳付きで英語の授業を履修していた。英語の先生はろう・難聴の専門

国立聾工科大学　入り口前にて撮影

家ではないため，私に，「授業を受けながらノートも同時に書きなさい」と指示してきた。手話通訳を通して言われた内容を理解したが，英語力が十分にない私は何も言い返せず固まってしまった。その様子を見たろう者の同級生が，「ろう者・難聴者は手話通訳を見ながら同時にノートを取ることはできない。ノートを取る時間を別に作るかやり方を変えてくれ」と教員に申し出たのである。手話通訳者も同時に先生の発言に対して異議を唱えてくれた。私はその時，「自分は支援があることだけで満足していた。支援があってもその支援を活かせないでいる」という事に気が付き，大きな衝撃を受けた。そのことに気づくきっかけを与えてくれた同級生には今も感謝しているし，その体験がその後の留学生活の意味合いを大きく変えた。アメリカ到着から半年後，アメリカにある大学にインタビュー調査に行き，大学の支援組織作りやろう者・難聴者の学生をエンパワーメントする（力や自信を引き出す）重要性を学んだ。1年半という短い留学生活だったが，この経験が現在の仕事に大いに役に立っている。

## 日本の現実と向き合う

　日本に戻った後，2009年から愛媛大学のバリアフリー推進室（現アクセシビリティ支援室）の職員として，障害学生支援の仕事をスタートした。愛媛大学は1995年頃からろう者・難聴者の学生を受け入れており，全国の中でもろう者・難聴者の支援が進んでいる大学であった。現在はろう者・難聴者の学生11名を含む100名以上の合理的配慮が必要な学生が学んでいる。同じ障害であってもひとりひとりが必要としている支援は異なる。その支援ニーズを引き出していくためには，学生が自ら意思の表明をしてくれることが重要になった。そのためには学生との信頼関係の構築が重要であり，対話を重ね，エンパワーメントを進めていくことが重要である。対話を重ねる中で学生が自分の課題に気がつき，周りに働きかけていく力を得ることが大切だと考える。また，支援に関わる人には，未来の日本を支えていく障害者のある人材の育成に関わっていることを感じてほしいと思う。それは私が学生時代に，支援ボランティア，同じ障害のある学生，教員，地域の人々に支えられたからこそ，今の自分があると感じているからだ。最初はひとりで悩んでいた私が，さまざまな人との出会い，対話の中で人間と大きく成長するきっかけをもらったことが今の仕事へとつながっている。

（太田琢磨／愛媛大学アクセシビリティ支援室）

# 第 5 章　社会を動かす
## ：社会運動に学ぶさまざまな方法

　制度を介さなくても，機会を待たなくても，一人の市民として自発的・主体的に社会に参加する方法はさまざまにある。「誰かにわかってほしい」という切実な思いや「これだけは我慢ならない」という憤り，「なんでこんなことになっているの」という問い直しは，時に人を突き動かし，他者と共鳴し，大きな動きとなって社会を動かす。それは簡単なことではないが，これまでも世界の至るところで行われてきたわたしたちの歴史そのものでもある。

　本章では，そのような行為を象徴する社会運動の役割について理解を深めた上で，現代社会において身近に広がる意思表示や社会参加の方法を学ぶことを目的とする。

## 1．社会運動のもつ力

### (1)　社会運動とは

　あなたは，「社会運動」に対してどのようなイメージをもつだろうか。プラカードを掲げて街頭を行進するデモやパレード，マイクや拡声器で主張演説を行うような集会だろうか。海外のニュースで見たような，一般市民と警察や軍隊との衝突シーンだろうか。それとも，インターネット上で行われるオンライン署名や寄付の呼びかけだろうか。社会運動に対して人々がもつイメージはさまざまで，世代や経験によっても大きく異なる。それは，社会運動が担う役割や方法が時代や状況によって変化してきたということでもある。

　社会運動とは，変革志向をもつ複数の人々による集合行為である。人々が市民としてさまざまな権利を獲得してきた過程には，政治運動，労働運動，公民権運動，女性運動，住民運動，反戦・平和運動，環境保護運動など，多くの社会運動による働きかけがあった。

　現在も，日本を含めた世界各地でさまざまな社会運動が展開されている。とりわけ21世紀は，さまざまな立場や経験から当事者が声を上げるなかで，社会運動が扱うテーマや課題も，目標や方法も，多様化と細分化が進む。さらに，グローバル化が進む中で，社会的な課題は地域や国境を越えて複雑になっており，その解決を求める社会運動の側もグローバルな連帯が必要となっている。いまのこのときにも変革を目指す社会運動が次々と生まれ，広がり，つながっているという事実は，この世界がまだ未完成であり，改善の必要性と変化する可能性があることを示している。

## (2)　社会運動の役割

　とはいえ，社会運動を正確に理解することは難しい。「変革志向をもつ複数の人々による集合行為」という説明だけを引けば，組織的なテロ行為も社会運動に含まれることになる。どのような変革を目指すのかをめぐっては対立や矛盾も少なくなく，社会運動にはさまざまな緊張関係を伴う。また，NPO（第4章参照）に代表される社会運動の制度化によって，社会運動は日常的な事業として行われることも増えている。

　ここでは，市民社会における社会運動の位置づけを理解するために，川北稔（社会学）の言葉を引いてみよう。川北は，個人に原因があるとみなされていた自動車事故を社会課題化し国の安全基準変更へとつなげたアメリカにおける欠陥自動車の告発運動を引きながら，社会運動について次のように述べている（川北，2004：46-47）。

　　　わたしたちは，自分では理解できない技術や，人工的な物質を利用した商品や乗り物に囲まれている。現代の社会生活から，科学技術が引き起こす危険をゼロにすることはできない。被害にあうのは，何の専門知識もない市民のわたしたちである。一般に，高度な知識をもつ企業や専門家に対して，市民は力をもたない。企業や専門家から，「使い方が悪く，個人的なミスによる事故だ」「会社に責任はない」と言われれば，市民の側が反論

することは難しい。そんなとき，あなたならどうするだろうか。専門家で
はないからといって問題から目をそらし，被害にあえば「運が悪かった」
とあきらめてしまうだろうか。しかし，それしか方法がないわけではない。
互いに孤立し，「泣き寝入り」しかけた被害者たちの声をひとつに束ね，
社会にアピールし，企業や政府に改善を要求するのが社会運動の役割であ
る。わたしたちの社会には，市民の立場で問題を共有し，声をあげる社会
運動というやり方が残されている。

　社会のさまざまな問題は，自然に認知されるわけではない。その現実を問題
だと「発見」する主体が必要となる。行政や企業が問題を発見することもある
が，これまで社会問題の多くは，気づいた市民が声を上げることによって「発
見」されてきた。社会運動は，社会の困難や不具合に気づいた個人をつなぎ，
社会に対して問題を可視化し，そして，その原因を個人でなく社会の側に求め
ることで有効な対策を引き出すという，より良い社会への変革を目指す上で重
要な役割を果たす。この点において，社会運動は市民社会のもつアドボカシー
機能を体現する取り組みということができる（第 1 章参照）。
　以上のように社会運動を理解した上で，本章が目指すのは社会運動で用いら
れているさまざまな方法を知ることで，社会に参加するための具体的な方法に
ついて理解を深めることである。ここでは，社会運動で用いられている代表的
な方法について，連合（2021）の 9 類型に即して紹介しよう。あなたが見聞き
したものや関与したことがあるものはあるだろうか。そして，あなたはどの方
法に魅力や可能性を感じるだろうか。

## 2．直接的な関わりを伴う実際生活での方法（オフライン）

　人々の声を集め，課題を可視化し，解決を求めるという社会運動が歩む一連
の取り組みは，いうまでもなく，場と時間を他者とともにするリアルな実際生
活の中で取り組まれてきた。それは古典的かつ本質的であり，後述するオンラ
インの方法が広がっても，直接的な関わりや集まることの重要性は変わってい

ない。

### (1) デモンストレーション型

デモンストレーションとは，いわゆる「デモ」と言われる市民の示威活動をさす。社会運動といえば，プラカードをもった人々が声を合わせて叫んだり（シュプレヒコールという），街中を行進する様子を思い浮かべる人も多いだろう。「デモ」の意義は，その問題に関心や意見がある人や，当事者または支援者・賛同者を集め，その存在を可視化することにある。わたしたちが普段使っている道路や公園，駅前などの公共空間に，普段は見えない（ことにされている）存在や声を集団として登場させることで，この課題に関心をもつ人や解決を求める人がこんなにもたくさんいるのだということを，政府や企業や社会に"見せつけ"，その存在を"認めさせる"方法なのだ（五野井，2012）。

最近では，「パレード」や「マーチ」という呼称で行われたり，集会や行進に限らないさまざまなイベントを伴ったりと，そのかたちには変化も見られる。たとえば，2019年の小さな集いから始まり，すべての都道府県へと広がっていったフラワーデモ（性暴力被害者の声に耳を傾け，刑法改正を求める運動），世界各地で取り組まれるグローバルな動きと連帯しながら日本でも定着しつつあるプライドパレード（セクシュアル・マイノリティ解放運動）やグローバル気候マーチ（気候危機への対応要求運動）などがある。

### (2) 自著署名型

駅前や路上で，署名への呼びかけを見かけたことはあるだろうか。また，学校内や地域の中で，署名を集める活動をしたことがある人もいるだろう。署名とは，個人や団体が社会問題や政策に反対したり，法令の改正や制定を求めるときに，それに同意する人の名前を集め，その名簿を企業・政府・行政等に提出する取り組みである。多くの場合，署名に法的拘束力はないため，企業の経営者や政治家が署名を受け取ってもその課題がすぐに解決に向かうとは限らない[1]。しかし，署名は民意の表れとしてその数に応じて一定の力をもつとされる。

市民の立場から考えると,「署名をする」という行為は自分の意思を表示する機会であり,また,「署名を集める」という行為は比較的誰でも取り組むことができる方法でもある。たとえば,「原水爆禁止」署名運動は,1954年にアメリカが太平洋ビキニ環礁で行った水爆実験への抗議として,東京都杉並区の魚商組合や公民館で学んだ主婦たちという市井の人々によって始められた(丸浜,2011)。1年余りで,日本の当時の有権者の半数以上が署名するまでに拡大し,今日に続く市民の平和運動の源流の一つになっている。

「デモ」に比べると,署名を集める運動は地道なものだ。しかし,大きなニュースにならなくても,地域の中で署名活動が取り組まれたことで身近な暮らしを実際に変えた事例は実は少なくない。たとえば,静岡県富士市では,2014年に障害のある子の保護者らから「親も子も安心して暮らせる環境整備」の要望が,1万9千人の署名を添えて提出された。これがきっかけとなり,2015年には議員連盟による調査・研究が始まり,市内には「働きたくても働きにくい状況にある方々」が多くいることが把握された。その後,富士市は,2017年に全国ではじめてとなる「ユニバーサル就労の推進に関する条例」を制定し,地域の協力企業と働きたい市民をつなぐ事業を公共サービスとして展開するようになっている(静岡県富士市ユニバーサル就労支援センター,2023)。もちろん,署名だけの力で条例や施策が実現したわけではない。しかし,署名という方法で可視化された約2万人の声が契機となって,市民のニーズや課題が議会・行政と共有され,全国初を冠する変化を地域社会にもたらしたことは確かである。

### (3) シンボル型

あなたやあなたの周りには,好きなアーティストやキャラクターのグッズを身につけている人がいるだろう。グッズをもつことで友達と盛り上がったり,グッズを通じて「推し」について語りあったりするかもしれないし,いちいち言葉にしなくても,グッズを身につけているだけであなたの「推し」を周囲に広めることもできるかもしれない。

そのグッズがアーティストやキャラクターではなく,社会課題を表現したも

**図5.1　赤い羽根共同募金**

のならどうだろう。シンボル型とは，その社会課題や運動のシンボルとなるマークやロゴのついた商品を意図的に購入したり，マークやロゴのついたグッズを身につけるという方法である。たとえば，急速に広がったSDGsのカラフルなバッチは，それを身につけている個人や組織がSDGsに賛同する立場であり，連帯可能であることを言外に伝えてくれる。多くの人が慣れ親しんだであろう赤い羽根

共同募金（図5.1）の赤い羽根は，募金への感謝を込めて配られるが，それを身につけることで共同募金に参加したことを周囲に示し，この取り組みを励ます役割を合わせもつ。パープルリボン（女性への暴力根絶）を身につけた人がいたり，行政機関などにパープルリボンのステッカーが貼られていれば，そのマークを見かけることで被害者は自分が一人ではないと心強く感じられるかもしれない。

　このように，シンボル型は，社会運動や社会課題に対して，さりげない支援や賛同を示す方法として意義がある。もちろん，新しい取り組みを起こすなら，ロゴやマークを自分たちで作って広めることも可能だ。あなたが「推し」たい社会課題には，どのようなロゴやマークがあるだろうか。

### (4)　金品支援型

　金品支援型は，募金活動を行ったり，金銭や物品を寄付する方法である。コンビニやスーパーのレジ横にある募金箱にお金を入れたり，地域や学校のバザーに家にある不用品を提供したりなど，一度は経験したことのある人が多いのではないだろうか。最近では，フードバンク（フードドライブ），子ども食堂，公共施設等における生理用品の無償配付など，社会課題の「発見」に応じて支援内容・対象にも変化が見られ，行政・企業と連携するシステムを構築するこ

とで活動の継続性を高める工夫などもされている。たとえば，内閣府男女共同参画局が「生涯を通じた女性の健康支援」の一環に位置づける「生理の貧困」への取り組み（生理用品の無償配付など）は，経済的な理由で生理用品を購入できない女性や少女の実態を大学生らが明らかにし，「生理の貧困」という社会的課題として提起したことがきっかけの一つになって実現した取り組みである（谷口，2022）。

　また，災害発生時には，金品支援が広域で行われることが多く，被災者として助けられたことや支援者として関与したことがある人もいるだろう。災害時の金品支援は手軽で簡単そうに見える方法だが，必要な人に必要なものを必要なタイミングで届けることは，実はかなり難しい。それを調整し仲介しているのは，行政や，NPOなどの市民活動団体であることが多い。災害時に支援者と被災者を結ぶタイミングやマッチングがうまくいかなければ，被災者側に物資の仕分けなど余計な負担をかけることになったり，善意で送られた物資が被災地では「支援ゴミ」になることさえある。

　東日本大震災という大規模な災害でさえも，「『支援される側』よりも『支援する側の人』の方がずっと多かった」と言われている（荻上，2016：2）。支援する側の思いが無駄にならない形で，被災地に対する金品支援を有意義なものにするためには，調整や仲介の現場で行われていることについても関心をもち，普段から知っておくことが重要だ。自分の命を守る「避難訓練」が普段から行われていることになぞらえて，金品支援型を中心に誰かを助けるための「支援訓練」も普段から行い，そのしくみや注意点について事前に知っておくことが提案されている（荻上，2016）。

　手軽で簡単そうな方法だからこそ，金品を支援した先の仕組みがどうなっているかにも関心をむけ，「支援する側」として知恵と経験を蓄えること。市民としてこのような力をつけることは，「自分には募金くらいしかできることがない」という無力感を乗り越えることにもつながりそうだ。

### (5) ボイコット型

ボイコットとは，特定の企業や団体に対し，買わない・参加しないなどの拒否活動を通して抗議するという方法である。児童労働や過労死などの労働問題を抱える企業や，人種差別・性差別的な対応が明らかになった企業，あるいは，そのような状況への介入や政策に消極的な国や行政に対して，消費者がその製品を「買わない」ことやサービス利用を「拒否する」という意思表示は，企業や国にとって無視できないメッセージとなる。

何かを「しない」ことが，社会参加のひとつとされることには違和感があるかもしれない。しかし，意識的に行われる「しない」という選択は，時に強い意思表示としてインパクトをもつ。たとえば，アメリカで人種隔離を行っていた路線バスへの乗車拒否を呼びかけたモンゴメリー・バス・ボイコット事件（1955年）は，多くの市民がこれに応じてバス利用を取りやめるなど，その後の公民権運動の契機となった出来事として，世界的に広く知られる。また，近年では，テニスの大坂なおみ選手が，アメリカでの警察官による黒人男性銃撃事件（2020年8月23日）への抗議を示すために，ウエスタン・アンド・サザン・オープンの準決勝をボイコットし，「私はアスリートである前に，一人の黒人の女性です。私のテニスを見てもらうよりも，今は注目しなければいけない大切な問題がある。相次いで起きている警官による黒人の虐殺を見ていて，腹の底から怒りがわく。」というメッセージを出したことは，日本でも大きく報じられた（2020年8月）。

さらに，世界の若者の間では，授業をボイコットすることで，大人たちに温暖化を食い止めるための行動を迫る「学校ストライキ」という取り組みも広がっている（マレーナ，2019）[2]。普段当たり前に行っている行動を変えるような「買わない」「利用しない」「参加しない」という行為が，関係者や社会に対して揺さぶりをかける強い意思表示になることは想像できるだろう。

# 3．インターネット空間での活動方法（オンライン）

## (1)　ハッシュタグ型

　現在定着しているソーシャル・メディア（X，Facebook，Instagram，YouTube などの SNS）には，いずれもハッシュタグ機能がついている。ハッシュタグとは，キーワードに＃（ハッシュマーク）をつけてタグ（札）化することで，新しいキーワードを広めたり，そのキーワードでの投稿検索が可能になったりする。SNS を利用している人は，知りたいことや関心があることについてハッシュタグで検索したり，ハッシュタグをつけて自分で投稿することが日常生活の一部になっている人も少なくないだろう。このようなハッシュタグの活用は，すでに企業のキャンペーンなどに多用され，Web マーケティングの重要な手法となっている。同様に，市民による活動や社会運動にとっても，魅力的な手段として積極的な活用がある。

　ハッシュタグは，独自に作ることができるため，新しいキーワードとともに新たな課題提起が行われることになる。また，同じハッシュタグをつけて自分で投稿したり，ハッシュタグをつけて投稿されたものをさらに広めたりすることで，短期間で多くの投稿がなされれば，それが話題となりさらに拡散される。

　たとえば，2016年，育児休暇から復職するために必要な子どもを預けられる保育所が見つからず，退職を余儀なくされたある母親が，匿名ブログで「保育園落ちた日本死ね!!!」を投稿したことで，待機児童問題が大きな話題となった。首相は「匿名である以上，確認しようがない」と国会で答弁したが，この発言に怒った人たちが「＃保育園落ちたの私だ」というハッシュタグを付けて SNS に投稿，保育園に入れなかった存在を可視化して抗議活動を行った。この動きはその後，「希望するみんなが保育園に入れる社会をめざす会」（2017年）による「＃保育園に入りたい」というハッシュタグにつながり，当事者の声を届けるための署名活動やアンケート調査，国会議員会館での院内集会などの取り組みを経て「みらい子育て全国ネットワーク miraco」へと発展し，政治への働きかけが続けられている。

　ハッシュタグ型は，手軽に参加できることも利点である。たとえば，文部科学省が2021年３月に始めたSNSキャンペーン「＃教師のバトン」は，学校現場の創意工夫や学校の日常を現職教員が発信し，全国の教師や教師を目指す学生や社会人と共有することを目的に開設されたが，開始当初から，仕事の多忙さや過酷さが現場の教員から多く投稿された。キャンペーンの意図とは異なって，現役の学校教員による悲鳴のような投稿が数多く発信されたことは，驚きとともに受け止められた。これにより，教員の働き方の問題性が改めて社会に認識されることで，文部科学省も教員の働き方改革への政策対応に動き始めることになった。現役の教員にとって，忙しく仕事に追われる中でもハッシュタグでの投稿や拡散なら参加のハードルが低く，自分の意思表示の方法として有効に機能したと言えるだろう。

　さらに，ハッシュタグは各国の言語で作ることができ，グローバルに検索が可能なため，たとえば「＃MeToo」（性犯罪被害の告発・連帯）や「＃blackLivesMatter」（黒人の命は大事）で検索すると，これらのタグをつけて投稿された世界中の動きを知ることができる。

　インターネットが世界をつなぐインフラとなっている今日，地域や国を超えて市民の声を集めること。＃ハッシュタグという機能が，その新たな力の一つになっている。

## (2)　パフォーマンス型

　2014年夏，SNSではバケツいっぱいの氷水を頭から被り，ずぶ濡れになる動画が世界中で拡散された。「アイス・バケツ・チャレンジ」というこの活動は，政治家やスポーツ選手，芸能人などの有名人も多数参加し，ブームとして社会現象となった。チャレンジの内容は単純で，バケツに入った氷水をかぶり，さらに次に同じチャレンジをする人を指名してリレーのように回していくゲームである。チャレンジを受ける人は氷水を被るか，100ドル以内を寄付するか，または両方をするかを選択することができるとされた。この「アイス・バケツ・チャレンジ」は偶発的に流行したゲームではなく，筋萎縮性側索硬化症（以

下，ALS）という難病に関する支援を目的に，多くの人々に参加してもらうことで認知度の向上と寄付を募るものであり，アメリカで ALS 当事者とその友人たちがはじめた社会的なパフォーマンスである。SNS の中でチャレンジの一部が過激化したこともあり賛否の議論も生じたが，このチャレンジを通じて ALS 支援に対して短期間で多額の寄付が世界中で集まった。これらの寄付を資金とする新薬開発のプロジェクトが多数立ち上がっており，その中から2022年にはアメリカで新薬の承認が実現に至っている。日本でも日本 ALS 協会に約3,900万円の寄付が寄せられ，これを元に研究奨励金や患者等支援活動助成金の取り組みが進められた（一般社団法人日本 ALS 協会，2019）。

　他にも，世界が新型コロナ・ウイルスの感染拡大を経験した2020年，感染のリスクを抱えながら医療現場でコロナ・ウイルスと闘い続ける医師や看護師たちに対して感謝と連帯を伝える「医療従事者に感謝の拍手を（クラップ・フォー・ケアラーズ）」という意思表示のパフォーマンスが呼びかけられた。イギリスの市民が始めたとされるこの行為は，行動制限で外出できない市民たちが決まった時間に自宅の玄関先やバルコニーから一斉に拍手を送るというもので，SNS を介して各国に広がった。

　何かの現状や課題について広く知ってもらいたいときや自分たちの意思を伝えたいと思ったときには，それが仲間内だけでなく色々なところで話題にされ，人々が賛同や参加を表明できる仕掛けが必要となる。その仕掛けの一つが，話題になるよう活動・行動するパフォーマンス型の活動である。あなたなら，どんなメッセージを込めて，どのようなパフォーマンスを仕掛けるだろう。パフォーマンス型の活動は，インターネット普及以前から人々の関心を集める手段であった。世界が瞬時につながる現代にあって，パフォーマンス型の活動は一過性であっても人々の関心や賛同，善意を表現したり，つなげたりできる手段として，その可能性が広がっている。

### (3)　ネット署名型

　ネット署名は，その言葉通り，自著署名型のオンライン版である。社会で何

か話題になるたびに，ネット署名も立ち上がるようになった。プラットフォームと呼ばれるサイトが複数誕生したことで，個人や団体が自由に「キャンペーン」と呼ばれるネット署名を立ち上げ，地理的・時間的・金銭的な制約を超えて賛同の署名を募ることができるようになった。たとえば，2007年にアメリカで立ち上げられたオンライン署名サイト「Change.org（チェンジ・ドット・オーグ）」は，現在世界196カ国で開設されている。日本でも2012年に日本語版が開設されて以降，ユーザーによって多くのキャンペーンが立ち上げられており，たとえば2021年の1年間では，オンライン署名が日本国内で1,638件立ち上がり，署名したユーザー数は342万人にのぼる（Change.org インパクトレポート，2021）。

それにしても，ネットで行われた署名に力はあるのだろうか。力とは，法的な効力や具体的な成果だけを意味するわけではない。まず確認したいのは，Change.org という一つのサイトに限っても，これだけ多くのキャンペーンが立ち上がったということ自体の意義である。政治家でなくても，特別な地位や資金がなくても，「ふつうの人」がおかしいと思ったことに対して声を上げていること，そして，賛同者を集めるという草の根的な動きに価値を見出していることが指摘される。また，ネット署名が取り組まれることで，それがマスメディアで報道されたりさまざまな意見を含めて話題になったりすることで，社会に一定のインパクトを与えることができる。もちろん，多くのキャンペーンが立ち上がる中では，他に埋もれてしまうものもある。どのようなキャッチコピーや呼びかけ文で，どのタイミングで，何名分の署名獲得を目標として立ち上げるのかという具体的な戦略には，事前の状況分析や情報収集が鍵を握る。

他方，さまざまな主張の署名を自由に呼びかけて良いというプラットフォームの仕組みや，さらにはそこに自分の名前を連ねることに対して，不安や不信を感じる人もいるだろう。もちろん，差別や暴力，誹謗中傷などの禁止事項は各サイトポリシーに記載されているが，一つの話題に対して「賛成」と「反対」という相反する立場のキャンペーンが同じプラットフォームの中で展開されることはある。また，プラットフォームでは，個人的な経験や感情の爆発でキャ

ンペーンが立ち上がることも除外されない。個人的な経験から社会の課題が発見されることもありうるからだ。しかし，数を集めることが重要な署名において，独りよがりな文章や主張が多くの賛同者を集めることは難しい。署名をしてもらうためには，キャンペーンの理由や要望の内容について，理解し納得してもらうことが必要であり，そのために，状況や課題を明確に示し，周囲の人の共感を得られるような論理的な説明がなされることが不可欠となる。

　あなたは，自分の取り上げたいテーマの現状や課題，それに対するあなたの主張について，的確な言葉で論理的に他者に伝えられるだろうか。他の人たちは，どのような情報や経験を用いて，どのような言葉を選んで説得力の高い説明をしているのだろうか。そんな関心からも，ぜひオンライン署名サイトをのぞいてみてほしい。

### (4)　クラウド・ファンディング型

　クラウド・ファンディングとは，「群衆（クラウド）」と「資金調達（ファンディング）」を組み合わせた造語で，インターネットを介して不特定多数の人々から寄付と賛同を集める方法である。団体が活動のために必要な資金を調達しようと思った場合，行政等から活動助成金を得る，銀行等から融資を受ける，賛同者から寄付を募るという方法が取られてきた。このうち，賛同者から寄付を募るという方法をオンライン上で展開し，少額の寄付を多くの人から集めることが，クラウド・ファンディングの特徴である。

　クラウド・ファンディングは，個人でも組織でも用いられているし，行政や企業が用いることも珍しくない。そして，資金力や広報力の弱い市民活動団体にとっても，幅広い人たちに自分たちの取り組みを伝え，賛同者を集める方法として積極的に活用されている。「Ready For」「Good Morning」「CAMPFIRE」など，日本でもすでに多くのプラットフォーム・サイトがある。実際のサイトを見て，どのようなプロジェクトが動いているのか見てみよう。

　この社会では，多様な立場や経験をもつ人たちが自分たちの意見を表明し，

問題を発見し，さまざまな方法を組み合わせたり使い分けたりしながら，その問題の解決や緩和に向けて盛んに動いている。その過程で，あなたに対しても，理解や賛同を求めたり，意見を聞いたり，参加を呼びかけたりするかもしれない。また，たとえあなたが積極的に情報を求めなくても，SNSや街中のポスターなどを通じて，社会の課題を伝えたり解決しようと行動している人たちの姿は，あなたの生活圏に入ってくるはずだ。あなたにとって，それらは面倒で鬱陶しいことだろうか。社会を揺り動かそうとする不穏で不安なものだろうか。それとも，より良い社会にしていこうとする頼もしく心強い動きだろうか。

　試みに，「市民の自由な活動や社会運動のない世界」を想像してみよう。世界には多様な人たちがいるのに，皆が同じ意見に賛同し，困りごとは社会問題として発見されることもなく，解決や緩和に向けたアイディアがあっても，誰もそれを実行しない／できない世界。それはむしろ不健全で，恐怖に満ちた世界ではないだろうか。そのような世界は，実際に経験されてきたわたしたちの歴史であり，今も一部の国や地域で経験されている現実である。そうであるなら，将来の世界の可能性としても十分にあり得る（フランク，2003）。

　本章で紹介した社会参加の方法には，一つ，大きな共通点がある。それは，社会を動かしていくのは個人的な力ではなく，集団的な力であるということ。個人的な経験や一人の投稿がきっかけになって新しい動きが生じることはあっても，一定の数を集めて集団的な力になることではじめて，社会に対するインパクトを生み出すことができる。つまり，市民の力の源は，わたしたち一人ひとりの共感や賛同や連帯にあるのだ。

　そのことは，同時に，わたしたちがどれだけ他者の声を聴き，受け止められているのかを問いかける。上げられる声は，聴かれなければならない。わたしたちの社会は，自分とは異なる多様な人たちの声を聴くことができているのだろうか。「気の毒だけどしかたがない」「そんなのはたいしたことじゃない」「経験していないから自分にはわからない」と言って耳を塞ぐ前に，そう言えてしまう自分の世界観を疑ってみることもまた，シティズンシップを考える中で深めたいテーマである（キム，2021）。

## ✎ 注

(1) 署名には法的拘束力をもつものもある。たとえば，地方自治体に対して行う直接請求など，法律に定められた必要数の署名を集めることで，自治体には請求内容に応じたアクションを起こすことが義務づけられている。

(2) 学生・生徒が意図的に集団として登校や授業を拒否する取り組みは日本でも散見されてきた（同盟休校，学校騒動など）。また，「学校ストライキ」という呼称で広がっているが，厳密には法制度上のストライキとは労働者が労働条件の改善・維持などの要求を貫徹するため集団的に労務の提供を拒否する行為を指し，「団体行動権」（日本国憲法第28条）として労働者に保障される権利である。

## 📖 引用・参考文献

Change.org Japan（2021）「Change.org Japan 活動報告書2021」，https://static.change.org/brand-pages/impact/reports/2021/2021_impact_report_jp.pdf（最終アクセス　2023年10月8日）．

五野井郁夫（2012）『「デモ」とは何か：変貌する直接民主主義』NHK 出版。

はてな匿名ダイアリー（2016）「保育園落ちた日本死ね!!!」
　　https://anond.hatelabo.jp/20160215171759（最終アクセス　2023年10月8日）。

一般社団法人日本 ALS 協会（2019）「アイス・バケツ・チャレンジ（IBC）を振り返って」，
　　https://alsjapan.org/2159/（最終アクセス　2023年10月8日）。

川北稔（2004）「社会問題を『発見』する社会運動」大畑裕嗣・成元哲・道場親信・樋口直人編著『社会運動の社会学』有斐閣。

キム・ジヘ（2021）『差別はたいてい悪意のない人がする：見えない排除に気づくための10章』大月書店。

丸浜江里子（2011）『原水禁署名運動の誕生：東京・杉並の住民パワーと水脈』凱風社。

みらい子育て全国ネットワーク miraco（2019）
　　https://miraco-net.com（最終アクセス　2023年10月8日）。

荻上チキ（2016）『災害支援手帖』木楽舎。

パヴロフ，フランク（2003）『茶色の朝』大月書店。

連合（2021）「多様な社会運動と労働組合に関する意識調査2021」日本労働組合総連合会，
　　https://www.jtuc-rengo.or.jp/info/chousa/data/20210427.pdf?24（最終アクセス　2023年5月5日）。

静岡県富士市ユニバーサル就労支援センター（2023）
　　https://f-uw.com（最終アクセス　2023年10月8日）。

谷口歩実（2022）「オンラインで切り開く社会変革：『生理の貧困』の活動現場から」『月刊社会教育』10月号，旬報社。

## ◆コラム 3 ◆課題を定義し，分析し，解決策を導くまでを練習しよう！
### ：工学部教員の授業実践

　私は11年間の鉄鋼・自動車メーカーでの研究開発の後，大学教員となった。その教員 2 年目から担当したのがシティズンシップの授業である。工学教育以外はド素人であったが，技術者として経験してきた社会課題を察知して，その解決策を考え，実行に移すという動作はシティズンシップそのものである。その動作をできるだけわかりやすく学生に伝えることができれば！と考え全 7 回の授業を構成してみた。ここでは，その内容と狙い，反省点などを述べることにする。本コラムが私と同様にはじめてシティズンシップ教育に取り組まれる指導者の参考になればと思う。

　本授業は特殊な条件が揃っていた。7 回の短期間での授業であり，教員 1 名で60名を指導する。しかも，コロナ禍真っただ中のオンライン授業であり受講生は入学したばかりの 1 年生である。学生の所属は工学部のさまざまな学科の学生が入り乱れる。これらの条件を考慮した上で最大限効果を引き出す授業法を検討した。以降にその内容を紹介する。

### 授業全体の構成

　図5.1は第 1 回目の授業で学生に説明した授業の流れである。初期の学生の状態をちょっと失礼ではあるが「流されさん」と定義した。まだ社会課題を感じていない，自分は社会課題の解決に貢献することはできないのではないかと社会から少し距離を感じている状態である。最終目標は「覚醒さん」である。本授業の中では，社会課題に試行錯誤しながらアクションを始める「モヤモヤさん　レベル 3 」を目標にした。なお，このレベルアップのイメージは後述の角めぐみ氏からアイディアをいただいた。

　レベルアップしていくための具体的な方策として以下の授業構成を考えた。第 1 講は「シティズンシップの必要性」と「自分を知る」，第 2 講はゲストスピーカーの講演，第 3 講は「自分を知るの続き」と「社会課題を知る」，第 4 講は「計画の立案のためのテクニック」，第 5 講と第 6 講は「計画の立案の続き」である。第 7 講はディスカッションをしながら提出資料を仕上げる回とした。

　本来のシティズンシップ教育は，①解決すべき社会課題の設定，②解決策の検討と計画立案，③実践と振り返りの 3 ステップから構成されるのが良いと考えていた。しかし，授業期間の短さと学生数の多さから内容を①と②に絞り，③については本授業の受講後に学内外の市民活動等に参加するなど次につなげる構成と

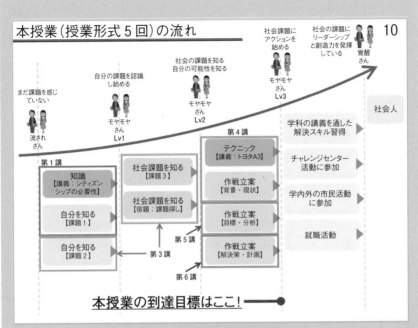

**図5.1　授業の流れと到達目標**

した。③を授業内で実施するためにはさらに長い授業期間と指導者数が必要であ
ろう。

## 授業の前半部分では動機付けをしっかりと

　さて，各回の授業の狙いと詳細を述べていく。まずさまざまなバックグラウン
ドをもつ学生への動機づけが重要と考えて第1講と第2講の2回分をそのために
使った。第1講の授業のテーマは「シティズンシップの必要性」である。日本財
団の18歳意識調査（第20回　社会や国に対する意識調査，2019年）を引用して，
日本の18歳は「自分で国や社会を変えられると思う」「社会課題について家族や
友人など周りの人と積極的に議論している」などの項目で「はい」と答えた割合
が諸外国に比べて最低レベルをマークしている現状を伝えた。一方で学生たちに
は日本の学生の能力が低いわけではなく，社会課題を難しく感じているだけであ
り，取り組んでみたら難しくないことを本授業で感じてほしい！と伝え，身構え
過ぎないように配慮した。また，社会システムの変化が進みわれわれ市民は「受
け身の消費者」「任せて文句を言う立場」から「共同創造者」「引き受けて考える

立場」への変革が求められており，それが多様な市民が暮らしやすい社会を構築するための道筋であることを伝えた。

　また社会課題を知るうえで，社会の一部を構成する自分自身を知ることが第一歩と考え，「私的な課題」「身の回りの課題」を挙げよという宿題を出した。この宿題のフィードバックは第3講で実施することにした。

　第2講には社会課題の解決に向けて大学生とともに取り組んできた角めぐみ氏（NPO法人ハナラボ）をゲストスピーカーに招いて講演をしていただいた。受講生にとって出口イメージを明確にしておくことは重要である。具体的には，長野県塩尻市で新しい地域のブランドをつくろうと，学生が地域のシェフと組んで「シェフが恋した塩尻野菜のスープ」を開発した例などを紹介していただいた。先入観の少ない大学生だからこそ新しいアイディアにたどり着けることを伝え，自信を持ってもらうことを狙った。

　チームの学生同士の意見の相違をどのように乗り越えるか。さまざまな専門家にアプローチして意見を取り入れるにはどうするか。当事者目線で課題を分析するにはどうしたら良いか。など具体的なプロジェクトの進め方についても助言をいただいた。進め方に決まったセオリーは無く角氏と学生たちが体当たりで突き進んでいく姿も受講生にとっては印象的であったと思う。社会課題に対して最前線で取り組む外部の方に郊外の本学へ出張していただくことなく話が伺えるのはオンライン授業の利点である。今回実施できなかったがゲストスピーカーには市の職員などを招いて地域の課題への取り組みを伺っても良いかもしれない。

　第3講ではウォーミングアップを続け，自分なりの意見を自由に示しても良いという雰囲気作りを進めて行く。ここで，第2講で出題した「私的な課題」「身の回りの課題」についてフィードバックを行った。学生同士はリアルに対面していない状態でありグループワークはハードルが高いと考えたため，FMラジオ風の授業を仕立てた。すなわち，教員がラジオDJ，学生がリスナーの設定にして提出された課題を教員が精査・分類したうえで紹介していく方式である。BGMもつけてリアルタイムでオンライン配信した。提出された回答の中には，夜中までYouTubeを見てしまい生活が不規則になっている問題，電車内で他人をナイフで刺してしまった事件について，コロナ禍において高齢者が外出自粛しないことを攻撃的な文章で寄せて来る内容もあった。これらに対するフィードバックの中ではブレイディーみかこ氏の著書『ぼくはイエローでホワイトで，ちょっとブルー（新潮文庫）』の表現を借りてエンパシーの意味を「他者の靴を履く」ことであると説明した。すなわち善悪の判断を越えて「電車内で人を刺した青年」「自分とは立場の異なる高齢者」を批判するだけではなく，なぜそのような行動を起こすのかを当事者の立場になって考えること。それこそがシティズンシップの精神であり社会課題解決の糸口になることを伝えた。寄せられた回答の中から

さらに深堀したいものを私が２つ選んで，それについての意見を再度募り，後の授業でまたラジオ風にフィードバックすることにした。はじめに攻撃的な回答を寄せた学生も徐々に当事者目線になって考えられるようになっていった。このようにフィードバックを繰り返すことで授業への親近感も醸成できる。自分の意見が読まれると嬉しいという声も聞かれた。ここで重要なのが攻撃的なコメントを寄せた学生を決して批判しないということである。常に意見の一つとして受け止め，意見を出してくれたことへの感謝とポジティブなフィードバックを行うということが大切だと思う。なお，回答の紹介はラジオネーム（ペンネーム）で行い匿名性を確保することで本音を提示しやすくした。愉快なラジオネームも多く盛り上がった。匿名性が確保しやすく本音で語りやすいというのはオンライン授業の特徴である。

　第３講の最後には「本授業であなたが取り組みたい社会課題を決めてくる」といういきなりハードルを上げた宿題を出した。社会で議論されている課題のリストも提示して，独自の課題が思いつかない場合はそのリストから選んでも良いことにした。リストにはLGBT・セクシュアリティ，部落差別，平塚市の地域課題，ビニール傘の大量消費問題，本屋 vs Amazon, SNS・ネットリテラシー・誹謗中傷問題，人種差別などのさまざまな課題を挙げた。

## シティズンシップにおけるトヨタＡ３資料の活用

　第４講から第６講は課題解決のフレームワークの習得である。自分自身が取り組む課題が決まったら各自で解決策を計画して行く。私自身が馴染んだ方法であるということもありフレームワークには「トヨタＡ３資料」を採用した。トヨタＡ３資料とはトヨタ自動車の中で開発されて現在も使い続けられている課題解決のフレームワークである。結論や解決策を決めつけず，客観的に問題を分析してわかりやすく計画を提示するのに適している。フォーマットはその名の通りＡ３サイズ１枚になっており「テーマ名」「背景」「現状」「目標」「分析」「解決策」「実行計画」「結果検証」８つの項目からなる。以下にポイントを概説する。「テーマ名」にはその問題の内容が伝わるタイトルを記入する。「背景」には「なぜその問題を解決すべきか？」と「あるべき姿」を記入する。ここで，問題の重要性と緊急性を伝えるためには，人の生命や健康の問題，経済的な損失への影響を示すと説得力が高まる，など少しズルいが響く計画に仕上げるためのテクニックも示した。「現状」は問題の現状を示す項目である。問題の因果関係を可視化するフィッシュボーン線図（特性要因図）や原因を深く掘り下げるなぜなぜ分析を使って現状を表現する。ここでは，定量的なデータを示すと説得力が増す。このデータ作成のために受講生全員を調査対象としたアンケートを計画した学生もいた。具体的にはマイバッグの利用率，マイバッグを利用する／しない理由につ

いてのアンケートを行って現状を見える化していた。アンケートフォームにはマイクロソフト Office 365の機能として利用可能な Forms が用いられた。「目標」では必ず数値目標を示すように求めた。数値で計測できないものは目標に成り得ないことを伝えた。数値には期限と目標値の２つが必要である。注意点としては目標の項目に解決手段を書かないことである。つい「食料の訪問販売の仕組みを整える（手段）ことで，外出自粛率を12月までに25%高める（目標）」のように書きがちである。しかし，ここで手段を絞り込んでしまうと，他の解決策を思いつくことができなくなってしまう。つぎに「分析」である。ここでは問題の因果関係を整理するロジックツリーを用いて「現状」の項目で明らかになった問題をさらに深堀していく。そうすると，その問題につながる真因（根本的な原因）を浮き彫りにすることができる。つぎにもっとも創造力を必要とする「解決策」の作成に入って行く。上記であぶりだした「真因」に対する解決策を考えていく。解決策は複数挙げて，その効果や得失を表で整理する。「実行計画」では計画を見やすく表現するガントチャートを作成して誰が，何を，いつまでに実行するかを記入する。最後の「結果検証」では検証方法（たとえばアンケート調査や実験など）と結果の予測を記入する。

　受講生の中には「本当に実行できるのだろうか？」「実行できない計画を立てたら怒られるのではないか？」と不安な気持ちをもつ学生もいる。これに対しては，作成する計画はたたき台であって実現性は問わない。ぜひ独自のアイディアを記入して！と説明した。実現性よりも課題の分析と対策立案を体験してもらうことを主目的に置いた。たとえ実現不可能であってもＡ３資料１枚あれば議論は始まるのである。受講生には「このフレームワークはあなたが社会に出てからも一生使える魔法の杖である」と紹介して動機づけした。

　詳しいトヨタＡ３資料の作成法については多くの書籍が出版されているので参考にされたい。またフレームワークにはデザイン思考などのビジネスで用いられる方法もあり，どのフレームワークを用いるかは指導者の好みに合わせるのが良いと思う。

　以上のように第４講から第６講ではトヨタＡ３資料の作成法の説明と，作成中の状態で提出されたＡ３資料のフィードバックを繰り返しながら各自で資料作成を進めてもらった。フィードバックは提出された資料を画面共有して私が説明をしながら赤ペンで添削していく動画をリアルタイムで配信した。こうすることで，他の受講者の作成内容や共通の指摘事項などを把握することができ，自らの資料の修正に反映することができる。資料に記載する氏名はラジオネーム（ペンネーム）とすることで匿名性を確保した。第７講では質問を受け付けながら資料を完成させ，数日置いて最終版の資料の提出日を設けて手書きの資料をスキャンして PDF ファイルで提出してもらい授業終了とした。

## 学生にも教員にも良い効果？授業の振り返り

　受講生からは「課題解決に必要な手段を学べてとても良かった。今後問題が起きたときなどに焦らずに, このように一つ一つを客観的に見ていこうと思います」「2ヶ月という短い間でしたがA3資料の書き方など貴重な学びを得ることができました。他の履修者の方のペンネームを聞いているだけでも面白く毎週金曜4限が楽しみでした。」「今まで全く考えてこなかった社会問題について私がこれから生きていく中で解決しなければならなくなるかもしれない。今回自ら調べて解決策を練れてよかった」「自分の国の問題について真剣に考えることができた。普段やらないような授業の形式で面白かった」といった満足感を示すコメントが多く得られた。一方で「チームにどのような人物がいるのかで状況は想像を超えるほど変化する。よって, 今回の取り組みは実際には実現不可能な場合が多いと考える。」といった自分自身の無力感を示すコメントもあった。一筋縄では行かないことも痛感した。

　以上のように私なりのシティズンシップをスタートさせてみたが, 私自身にとっての大きな収穫もあった。それは, 本講義の冒頭で「シティズンシップとは, より良い社会の実現のために多様な関係者とアクティブに関わろうとする資質である」と宣言してしまったために自分自身がそれから逃げられなくなったことである。本授業の構築に協力していただいたNPO法人ハナラボの角氏から女性の健康問題をテクノロジーで解決するプロジェクトにお誘いいただき, 工学研究者として普段は関わることのない社会科学の研究者や活動家の方々と関わる機会を得た。これは私にとって視野が広がる機会となり, シティズンシップの精神を私自身が持ち続けようという気持ちになった。副次的な効果として指導者自身のシティズンシップの醸成にもつながるのかもしれない。

（窪田紘明／工学）

# 第 6 章　日常生活からはじめる社会参加

　社会に積極的に参加するために，自分自身の生活を必要以上に我慢したり自分の人生を犠牲にする必要があるのだとしたら，それは余程の勇気がいる。もちろん，状況によってはそのような選択もありえるが，わたしたちの暮らしがこの社会の中で営まれている以上，わたしたちの日常の選択や行動を少し変えてみることは，社会を少しだけ変えることにつながっているはずだ。社会を動かしているのは，政治家や活動家だけではない。

　このような認識に立ち，本章では，わたしたちの日常を構成する場で取り組むことができる社会をつくる実践について，具体的な事例を踏まえて理解を深めることを目的とする。具体的には，生活の場と労働の場，および，学習の場，そして，共同性で成り立っている地域の場から考えてみよう。

## 1．日常の暮らしを社会につなぐ

### (1)　生活と消費

　今のあなたにとって生活の拠点とは，誰かと暮らす家だろうか，一人暮らしのアパートだろうか。生活の拠点が，自分らしくいられる解放の場，自由を満喫できる場，疲れや緊張から心身を回復させる場になっているかどうかは，あらゆる人にとって切実な関心事だ。生活の拠点では，食事，掃除や洗濯，睡眠，娯楽，子育てや介護，親戚や近所との交流や社交などさまざまな日常が営まれるが，その多くに関わるものとして消費がある。

　わたしたちは，生活の中で毎日のようにさまざまなものを購入し消費する。あなたは今日，何をどれだけ購入しただろうか。それは何を材料として，どこで，誰によって作られたものだろうか。あなたは購入にいくらを費やし，その結果，今日一日でどれだけのゴミを生み出したのだろう。消費という日常行為

ひとつにも、さまざまな面で社会とのつながりを見ることができる。消費という行為は、日々積み重ねられるわたしたちの意思表示だ。

ここまでで、「ああ面倒だ」と感じた人がいるかもしれない。買い物くらいは好きにしたい。消費はあくまでも消費で、生産や廃棄のことまでいちいち考えるのはストレスだ。わたしたちにとって消費は深いところで自分の欲望と結びついている。そのため、改めて消費について考えることは面倒で忌避されがちである。

現在の社会において、消費という行為は自己アイデンティティと深く重なり合う。どこに住み、何を食べ、何を身にまとい、誰と会って、何にお金を費やすのか。そのような消費者としての選択を抜きにして、わたしたちは自分らしさを表現したり、自分に合うコミュニティを見つけることが難しい。街中でも電車内でもスマホでも、欲望を刺激する広告に常に囲まれて暮らしていれば、それが生活上必要かどうかよりも、「流行のものや仲間が持っているものを手に入れること」や「少しでもお得に買うこと」が消費の動機になっていく。消費が自己アイデンティティ形成に関わるということは、消費に終わりはないということだ。必要を超えて所有しても、自分らしさを表現するには常に足りない。「もっと消費を」という際限のない欲望から逃れるためには、遠回りに見えても一度立ち止まって自分の消費について問い直すことが有効である。

消費者教育推進法（2012年）では、わたしたち消費者一人ひとりが「自らの消費生活に関する行動が将来にわたって内外の社会経済情勢及び地球環境に影響を及ぼすことを自覚」することが期待され、そのような意識をもった消費者が市民として「公正かつ持続可能な社会の形成に積極的に参加する」ことで「消費者市民社会」が実現すると謳われている（消費者教育推進法第2条2項）。

では試みに、表6.1であなた自身の消費行動をチェックしてみよう（愛知県、2023）。このチェックリストは、消費に関する知識や日頃の行動を自分で意識化するためのものだ。すでに日常的にやっている内容もあるだろうが、「認証ラベル」（Q12）、「フェアトレード商品」（Q16）、「フードバンク」（Q18）などあまり馴染みのない言葉が出てきたかもしれない。また、生産者・生産地・購入

表6.1　エシカル消費チェックリスト

| Q1. | 買い物には，マイバッグを持参している |
|---|---|
| Q2. | 必要なものや必要な量だけを購入している |
| Q3. | 買った食品は食べきる，使い切るようにしている |
| Q4. | 地元産の野菜やお米，地元で水揚げされた魚や加工された食品を購入するようにしている |
| Q5. | 地元の商店街で買い物をするようにしている |
| Q6. | 電気をこまめに消したり，水を出しっぱなしにしない等，省エネや節電につながる行動を心がけている |
| Q7. | 太陽光発電・風力発電などの再生可能エネルギーを利用・購入している |
| Q8. | 家電製品を買い換える時は，高効率・省エネ性能の製品を選択するようにしている |
| Q9. | 近くへ出かけるときは徒歩や自転車を利用している |
| Q10. | ごみを出さないように工夫している。また，ごみを捨てるときは分別を心がけている |
| Q11. | リサイクル製品，エコ商品を選ぶようにしている |
| Q12. | 認証ラベルやマークのある商品を購入したことがある |
| Q13. | 障がいのある人が事業所等で作った製品を購入したことがある |
| Q14. | 被災地でつくられた商品を購入したことがある |
| Q15. | コロナ禍で困っている事業者・生産者の商品を購入したことがある（お取り寄せ・テイクアウトなど） |
| Q16. | フェアトレード商品を購入したことがある |
| Q17. | 寄付き商品を購入したことがある |
| Q18. | フードバンク活動に参加・協力したことがある |

出典：エシカル×あいち「エシカル消費チェックリスト」より転載

場所に関して，「地元産」（Q4），「地元の商店街」（Q5），「障がいのある人」（Q13），「被災地」（Q14），「コロナ禍で困っている事業者・生産者」（Q15）など，なぜこれらがチェックリストに入るのかと不思議に感じた項目もあるだろう。消費という行為が意思表示だとしたら，その商品の生産・流通や廃棄の実態を見極めて選択するために，まずは知識が必要だ。製品に表示されているマークやシンボル，キーワードへの理解は，消費場面での選択を日常的に支えてくれる（Exercise 1）。これらの説明は，消費者教育の一環として学校教育や地域の

中で行われており，消費者庁や各自治体の公式サイトなどから情報を得ることができる。

　もう一つ，「消費者市民社会」に向けて，わたしたちは消費者として気づいたことを積極的に伝えることが期待されている。公正で持続可能な社会を実現するためには，消費者が自分自身の利益だけではなく，他の消費者や労働者，環境のことも考えた行動を取ることが重要になるからだ。とはいえ，消費者として意見を伝えることは簡単ではない。たとえば，商品に不具合を見つけたり，提供されたサービスに不快や不満を感じても，企業のお客様相談室（カスタマーセンター）に連絡するのにはちょっとした勇気がいるし，クレーマーのように思われるのではないかという不安もあるだろう。だからといって，何でもすぐにSNSに「晒す」ことは私的制裁になりかねず，その影響の及ぶ範囲は投稿者にも想像がつかない。さらに最近では，カスタマーハラスメント（カスハラ）が課題化している。カスタマーハラスメントとは，顧客等からの暴行，脅迫，ひどい暴言，不当な要求等の著しい迷惑行為を指す言葉で，企業側はこれに対して積極的な対応や防止策をとることが求められている（厚生労働省，2022）。一人の消費者という弱い立場だからといって「泣き寝入り」する必要はないが，「お客様は神様」だからと何を言っても良いわけではない。わたしたちは，その間で，生産者との関係を築き，消費者の声を伝えることが求められている。

　消費という行為は，自己のアイデンティティ形成と，消費者と生産者がともに消費市民社会を目指すという社会との関わりを，二重に照らすテーマである。

## (2)　労働の場から

　労働は社会に参加する重要な手段の一つであると同時に，労働条件・環境，人材不足，失業など多くの課題を抱える領域である。労働の場もまた未完成な社会の一部であるなら，働くわたしたちにはできることはなんだろう。

### ①　労働の場を小さく変える

　労働の場の現状や課題を最もよく知る人たちは，そこで働いている人たちで

ある。学生のアルバイト経験でしばしば語られる「タイムカードを切ってから
の残業がある」「代わりの人を紹介しないとアルバイトを辞められない」「仕事
に遅刻したり売上金額が合わなかったりした場合には罰金がある」などは，ワー
クルールを知っていればそのおかしさに気づくことができる。ワークルールと
は，働くこと（労働者が働くこと，使用者が働かせることの双方を含む）に関する
法令，慣習，規範，慣行を指す（日本労働弁護団，2013）。ワークルールを学ぶ
機会は現在の教育課程では多くないが，働くなかで漠然と感じた違和感をワー
クルールの知識と結ぶことができると，自分が見つけた課題を他の人に説明し
たり主張したりできるようになる。「アルバイトでも有給休暇が取れることは
知っているが，具体的な取り方がわからない」という場合には，職場で有給休
暇取得の手続きについて聞いてみるだけでも良いだろう。それを他のアルバイ
トにも伝え，一緒に動いてみることで，アルバイトも有給休暇を取ることが当
たり前の職場へと変わり出すかもしれない。また，仕事の中で感じていること
を，職場の仲間や上司に伝えてみたり，言葉にしてみることも重要だ。それら
がすぐに理解され状況が改善されるとは限らないが，そのような疑問や意見が
出されていくこと自体に意味がある。

　2019年1月，葬儀屋でアルバイトをしていた女性が，SNSに「私はいつか
女性が仕事でヒールやパンプスを履かなきゃいけないという風習をなくしたい
と思ってる」「今のバイトも大好きだけどパンプスはほんときつい。これがな
ければどれだけ動きやすいか。いつかこの風習なくすんだ」という投稿をした。
これに対して，職場の男女別服装規定に関する共感や不満等の反応が盛り上が
り，「#KuToo」（「靴」と「苦痛」を掛けた造語）という社会運動となってイン
ターネットを中心に広がり，国会でも取り上げられた。これらを背景に，NTT
ドコモや日本航空（JAL）などの企業が従業員の服装規定を改定し，女性靴の
ヒールの高さを緩和したり，女性のパンプスや男性の革靴についてスニーカー
などその他の靴も着用できるよう，ルールが変更された（朝日新聞 globe＋，2020，
ハフポスト日本版，2020）。

　労働の場を小さく変えることは，なにも経営者との対立を意味するわけでは

ない。高校で，アルバイト先から生徒がもらう雇用契約書を活用して社会科の授業実践に取り組んだ井沼淳一郎（高校教師）は，高校生が労働法の知識を得ることについて，「『たたかう武器』を手にするため，とは少し違う」「非正規労働者であるアルバイト高校生が，使用者とも正社員とも『ちゃんと話ができる』関係をつくるためだ」という（井沼，2014：73）。「ちゃんと話ができる」とは，同じ職場の一人の労働者としてその存在を可視化し，アルバイト本人も経営者や正社員も，お互いに認識しあって関係をつくることだ。

　もちろん，ワークルールを学んだり，実際に権利を行使したりする場面では，労働組合や労働問題に取り組むNPOの力やノウハウが頼りになることが多い。労働組合もまた，長い歴史と実績をもつ市民社会組織の一つである（第1章参照）。

### ② 多様な人がともに働く場をつくるために

　シティズンシップの課題の一つに，対等な関係とされる市民の間に序列があり，「二流市民」として周辺化された存在がある（第1章参照）。その例は，労働の場にも見出される。日本では，男性・正社員・健常者が働く人の「標準」とされ，常に仕事を優先して仕事に専念できる労働者を前提にした職場が作られてきた。そのため，家事や育児を担う女性にとっては働き続けることのハードルが高くなったり，病気などで体力や健康に不安がある人や障害をもつ人にとっては仕事の負担が過剰であったりなど，働く人の「標準」に当てはまりにくい人の側が働きづらさを抱えることにつながっていた。これらを働きたい側の個人の責任とするのではなく，前提にある「標準」を見直し，それぞれの人にあった仕事を用意することを社会の責任として対応することは，日本社会にとって喫緊の課題である。

　この課題に対する市民社会組織の取り組みもさまざまだ。たとえば，NPO法人「ダイバーシティサポートかわさき」では，神奈川県川崎市を中心に，障害，ひきこもり，ニート，ジェンダー，LGBT，外国籍など個の多様性によって働きづらさ・生きづらさを抱える若者たちへの支援を目的とした事業が行わ

れている（NPO法人ダイバーシティサポートかわさき，2021）。このNPOの特徴は，働きづらさを抱える当事者やその家族だけでなく，地元中小企業の経営者が多く参加している点にある。労働の場の改善は，グローバルな大企業が先導するばかりとは限らない。むしろ，この事例のように地域の中で顔が見える関係を築き，立場を超えてともに状況の改善に向かう取り組みは，身近なところから労働の場を静かに変える力になっている。

### (3)　学習の場から

　高校や大学等に通っている読者にとっては，労働の場よりも学習の場の方が身近で日常かもしれない。ここでは大学を想定して，学習の場から始まる社会参加について考えてみたい。

　利潤追求を存在理由とする企業とは異なり，大学をはじめとする高等教育機関は教育・研究を通して未来を創造する役割を担う。そのなかで，潜在的な社会課題を予測し，問題の提起を含めて事前の取り組みを教育・研究活動により積極的に行うことが，大学の社会的責任（University Social Responsibility；USR）とされる（第4章参照）。実際に，社会課題の調査や解決に専門知を活かして取り組むゼミや研究室は多いし，サークルや同好会などの課外活動団体には特定の課題や対象に向き合って社会的な実践を続けるところも多い（福祉系ボランティアサークルなど）。また，学生自治組織（学生会・学生自治会など）が行う地域連携・社会貢献活動や，200以上の大学を結ぶ大学生協の社会的活動なども，実践を通じて大学生が日常的にシティズンシップを育む場として改めて注目される（大学生活協同組合，2023）。

　他方，大学運営への学生参加を制度化してきた大学例として，立命館大学がある。立命館大学は歴史の中で紆余曲折を経ながらも，今日，大学を構成するすべての構成員による自治という「全構成員自治」の考え方に基づき，教育・研究，学生生活の改善について関係者がともに議論する協議機関を設けている。具体的には，学生の自治組織の代表，大学院生の自治組織の代表，教職員組合，大学（常任理事会），立命館生活協同組合（オブザーバー）で構成された「全学

協議会」があり，そこでの議論を生かした大学づくりが進められている。「わたしたちに関することは，わたしたちが決める」という民主主義の原則を，大学全体で実践する仕組みである。

　他にも，学生が中心になった取り組みや，そこから生まれた団体は少なくない。2019年に『雑誌SPA！』に掲載された「ヤレる女子大生ランキング」に対する現役学生らの抗議を機に結成され，ジェンダー平等を目指して活動を続ける一般社団法人 Voice Up Japan，キャンパスでの性暴力防止を目指し，慶應義塾大学をはじめ20以上の大学の学生団体が参加して展開されたクラウドファンディング「学校から広めよう，アクティブバイスタンダー」，複数の大学に所属する教職志望の学生らが集い，教育現場の労働環境の改善に取り組む学生団体 Teacher Aide など，社会的課題を共通の関心事として集まり，仲間と楽しみながら学び，実践を通じて社会に参加している学生団体は数多い。学校や大人の側には，高校生や大学生がそれぞれの関心に根ざして能動的に行動することを応援し，より活動しやすい環境をつくる役割が期待される。あなたの学習の場ではどうだろうか。

## 2．「民主主義を実践している」という実感：地域の場から

　地域社会は，そこで暮らす多様な人びとの生活を支える基盤である。とはいえ，普段は意識せずに暮らしている人も少なくないだろう。ここでは，社会に参加しているという手応えや民主主義を実践しているという実感を得やすい場として，地域社会を位置づける。国レベルになると難しくて手に負えないと感じることも，身近な暮らしの場である地域社会レベルを中心に考えると，社会課題を自分ごととしてリアルに理解することも，実際に参加したり行動を起こすことも，そのハードルはグッと低くなるはずだ。

### (1)　行ってみる，参加してみる

　わたしたちは，暮らしているだけでは地域について知らないことが意外と多い。街中の掲示板やポスター，回覧板，市の広報誌などを情報源に，地域の行

事やイベントに参加してみよう。行事やイベントでは，色々な地域団体が運営に関わっていたり出店していたりする。また，地域の社会福祉協議会などを調べると，身近な場所で日頃からできるボランティアもある。市民マラソンなどのスポーツ大会があるなら，ボランティア募集が行われることも多い。もちろん1回だけでも構わない。関心をもったものに参加し，まずは新しい人や団体に出会ってみよう（第4章参照）。

　手軽で気軽に参加でき，経験者も多い活動に地域でのゴミ拾いがある。最近では，ゴミ拾いをイベント化して楽しみながら参加できるようにしたり，市民がリピーターとしてゴミ拾いに参加しやすい工夫もなされている。たとえば，公益財団法人かながわ海岸美化財団は，神奈川県の自然海岸約150kmを対象に，1991年に設立された日本で唯一の海岸美化専門団体である。ビーチクリーンを行いたいボランティアが財団に申し込むと，財団から企業の協賛金で準備されたごみ袋が送られてくる。ボランティアはそのごみ袋を使ってビーチクリーンを実施し，指定の場所にごみを集積しておくと，後日，財団がそのごみを回収してくれる。このように，誰もが気軽にビーチクリーンに参加できる無償支援の仕組みが確立しているため，日常的にビーチクリーンを行う活動頻度の高い個人ボランティアが増加しているという（かながわ海岸美化財団，2023）。

　行政や公民館などが主催する講座に参加してみるのも良いだろう。最近では，若者を対象にした地域参加に関する講座や，誰でも

図6.1　地域づくり講座の例

出典：宮城県名取市閖上公民館

参加できるまちづくりを考える講座なども行われている（図6.1 地域づくり講座の例）。多くの場合，これらの講座は一方的な知識の提供に終わらず，意見を交わしたりアイディアを具体化する参加型の学びの場になっている。

### (2) 仲間に入る，仲間を作る

　このように少し行動してみると，地域には実にいろいろな人がいて，いろいろな分野で活動していることが見えてくる。地域には多くの市民社会組織がある。消防団や青年団など歴史のある地域組織は，関心がある人にとってはおもしろい場だ。消防団は災害時に出動するだけでなく，防災教育活動で保育所や学校を訪問したり，防災イベントで消火体験を提供したりなど，より日常的で楽しんでできる活動も行っている。地域活動を行う青年団もまた，地域のお祭りや子ども向けのキャンプ・お楽しみ会など，身近なイベントの企画や運営を担うことが多い。青年といっても，地域によっては10代から40歳くらいまでと幅広く，各地の青年団をつなぐ全国組織（日本青年団協議会）が主催する実践交流や国際交流の機会も提供されている（日本青年団協議会，2023）。

　地域にもっとも多くあると推測されるのが，芸術や文化，スポーツなどの趣味を楽しむサークルだ。学校の部活動は同世代に限られるが，地域のサークルは多世代であることが特徴である。趣味を楽しむサークルは，一見，社会参加とは関係なさそうに見える。しかし，音楽やダンスのサークルが地域の福祉施設を慰問していたり，スポーツの愛好団体がスポーツイベントでは障害者支援に関わっていたり，バザーへの出品や寄付活動に協力していたりと，地域の中の趣味サークルはその特技を活かして意外に多面的なつながりをもっている。

　もちろん，問題意識や使命をもって地域で活動する市民活動団体が魅力的であることは言うまでもない。地域の中ですでに活動している人たちに加わることの強みは，自分とは年齢も立場も異なる人たちと出会い，いろいろな話が聞けたり，蓄積されたノウハウに学びながら新しい経験ができたりすることだろう。一人ではできないことでも，他の人と一緒なら実現できることは多い。

　参加したいと思う市民社会組織が地域の中で見つからない場合は，自分たち

で団体を作ることも可能だ（もちろん一人でも良い）。やりたいことがあるのなら，自分たちで名前をつけてまずは名乗ってみる。他の人を誘ってみる。そして，実際に小さくやってみる。どんな団体も始まりはそこからだ。自分たちで団体を立ち上げることも，状況が変わればその団体を解散することも，わたしたち誰もがもつ市民としての権利である。

### (3)　つながってみる，つないでみる

　共通の関心事をもつ仲間ができたら，その先に他の人や団体とつながることは難しくない。つながり方の一つには，もちろん，地域を超えて，共通の関心事に取り組む他地域の実践や他国での取り組みに出会うという方法がある。

　しかし，それだけではない。つながり方のもう一つには，同じ地域の中で他の関心事で活動する人たちとの協働（コラボレーション）がある。異なる関心事だと思っていても，暮らしの中ではあらゆるテーマが重なり合っていく。暮らしの基盤である地域社会は，それぞれの個別の関心事が再統合される場だ。関心の違いを超えて共有できる理念が発見されるかもしれないし，自分たちだけで実践することの限界に気づけば他の団体と手を組む必要性に納得するかもしれない。たとえば，岡山市の公民館では，ESD（持続可能な開発のための教育）を共通理念にすることで，無関係に見える多様なテーマの活動をつなげ，それぞれの強みを活かして連携や協働が進められている（岡山市公民館 ESD 実践集編集委員会，2014）。このような活動に多くの団体が参加することで，地域社会の自治的運営は強化されていく。いいかえれば，団体を通じて参加する一人ひとりの市民にとっては，地域に能動的に参加しているという自負と，自分たちの力で地域を創っているという実感が得られるはずだ。

　以上のように，日常の場からはじまる社会参加の展望は，民主主義の原則である「わたしたちのことはわたしたちが決める」にとどまらない。より発展的に，参加と行動を通じてわたしたちの問題をわたしたちで解決する経験であり，そのことはあなたに市民としての自信と力を与えてくれるだろう。

　シティズンシップに特別な能力は必要ない。それは「ふつうの人」が社会的な実践を通じて鍛えていく力量であり，実践を通じて発揮されるものである。本当にそんなに簡単にいくのだろうかと思っている人に，3つのメッセージを伝えて本章を閉じることにしよう。

　第一に，活動の結果や成果も大事だが，活動そのものやプロセスを楽しむことを大切にしよう。高度に複雑化した現代社会では，そこで生じる諸課題も複雑に絡まりあい，解決策も複雑にならざるを得ない。状況を動かすには時間を要するし，場合によってはあなたが生きているうちに課題が解決しないことだって十分にありうる。したがって，成果だけを追求すると，社会参加は辛く長い道のりに思えてしまう。眉間に皺を寄せて社会に参加するよりも，ポジティブな気持ちで行動し，いろんな人と関わって，そこで生まれる共感を通して社会を変えるという可能性そのものにワクワクしてほしい。

　第二に，実践して考えることを繰り返すことが重要だ。やりたいことややるべきことを頭の中だけで考えていると，不安や課題は際限なく出てくるだろう。かといって，「正解」がわかったら行動しようと思っていると，いつまで経ってもスタートは切れない。自分がワクワクすることを考えたら，まずは小さくやってみて，修正して，また次につなぐ。やってみてうまくいかなかったら，別のやり方を試してみればいい。過度な批判は必要ない。

　この方法は，「見通し・行動・ふり返りサイクル」と呼ばれている（OECD 2019）。「見通し・行動・ふり返り（AAR）サイクル」とは，楽しいことを考えてある程度見通しが立ったら（Anticipation），まずはやってみて（Action），それをふり返って改善や変更をする（Reflection）という「開放系の試行錯誤」である（公民館のしあさって出版委員会，2021：183）。そんな試行錯誤をする中で，自分の得意な社会参加の方法も見つかっていくだろう。

　第三に，課題の解決に向けてすでに取り組まれている実践に連なることが力になる。あなたは関心のある社会課題について，深く知るほどその「課題は解決されるべきだ（MUST）」と思い，「課題を解決したい（WANT）」という思いも湧くだろう。一方で，その「課題は解決できる（CAN）」と思うことがで

きるだろうか。社会の課題について深く理解するほどに，複雑でとても解決できる気がしない，自分が行動しても何の役にも立たないのではないか…と無力感を覚えるかもしれない。そんな場合は，その社会課題の緩和や解決に向けてすでに行われている取り組みをいろいろなところから探し出してほしい。

　2015年，世界的なジャーナリストで活動家でもあるナオミ・クライン（Naomi Klein）は，母校の大学の卒業式の祝辞で，後輩たちに次のように述べている。

　　「気候変動を止めるために，個人として何ができるか」という質問への答えは，「何もない」というのが真実です。あなたはひとりでは何もできないのです。実際，細分化された小さな個人であるわたしたちが，どんなにたくさんいたとしても，ばらばらでは，地球の気候を安定させるのに，あるいは世界経済を変革するのに重要な役割を果たせるなんて，客観的に見ればばかげています。この途方もない挑戦には，わたしたちが一緒になって，大規模で組織された，グローバルな運動の一環としてこそ挑むことができるのです（クライン，2020：157）。

　　私たちがすべてをしなければならないのは事実です。私たちはすべてを変えなくてはなりません。しかし，皆さんが個人として，すべてをおこなう必要はないのです。あなたの肩にすべてが懸かっているわけではありません（クライン，2020：160）。

　この社会には課題が無数にある。今はまだ気づかれていない潜在的なものは，これからも市民によって「発見」され続けていくだろう。あなたがすべての課題に関わろうとする必要も義務もないし，人生の状況やライフステージによって関心をもつ課題やテーマは，当然ながら変わっていってかまわない。

　それぞれの人が，それぞれの人生の中で，自分の関心に即して社会に参加し行動していくこと。さまざまな人がさまざまな関心事で行動を起こしていることを知れば，自分が関われない課題に対してもそれに気づいている誰かが取り

組んでいるはずだと，見知らぬ他者への信頼が生まれる。そうして，わたしたちはお互いを励まし合いながら自分のできる範囲で社会に参加し，この社会を創る責任を分かちもっていく。民主主義社会におけるシティズンシップの実践に加わることは，自分を独りにしないことであり，あなたの背負う荷物を少し軽くすることにつながっている。

## Exercise 5

(1) 以下の8つは，消費に関するキーワードである。それぞれの言葉の意味や背景を調べ，それに関連する実践・活動の事例を探してみよう。
①エシカル消費，②フェアトレード，③フードマイレージ，④地産地消，⑤3R（リデュース，リユース，リサイクル），⑥サスティナブル・ファッション，⑦食品ロス削減，⑧シェアリング・エコノミー

(2) 身近な場で，あなた自身が楽しみながら社会に働きかけるプロジェクトを立ち上げるためのアクションプランを考えよう。

① 関心のあるテーマについて調べ，課題や困難の内容，ニーズを把握した上で，目標として「解決に参加したい課題」「実現したいこと」を定める。

② プロジェクトに相応しい名前を決める。

③ プロジェクトに取り組む期間を決める（具体的に想定できる期間）。

④【参加の方法】リストから，目標に働きかけるために効果的だと思うものを3枚程度選択し，活動内容を具体化する。仲間や協力者を増やし，社会にインパクトをもたらすために，どの【参加の方法】をどの順序で用いるのか。それぞれの【参加の方法】で，誰に対して，何を，どのように行動するのか。自分たちがやってみたいものを積極的に出してみる。

⑤ 期間終了時に期待される成果やインパクトについて，自分たちにとって／相手や社会にとっての2つの視点から期待される変化を書く。

### 【参加の方法】リスト

| | |
|---|---|
| 1 | 選挙に行って投票する |
| 2 | パブリック・コメントを利用して意見を言う |
| 3 | 委員会や審議会の公募委員に申し込む |
| 4 | ボランティアをする |

| 5 | NPOなどの市民活動団体を訪問・視察する |
| 6 | セミナーやワークショップなどの学習機会に参加する／企画する |
| 7 | 自治会など地域の会合に参加する |
| 8 | 市の○○課に相談や質問に行く |
| 9 | 署名を集める |
| 10 | シンボルを身につける／新しくシンボルを作る |
| 11 | 商品を買う／買わないという消費行動を行う |
| 12 | 募金や寄付を集める |
| 13 | SNSを用いて「#○○」で発信する |
| 14 | 話題になる活動をする（イベント企画，○○チャレンジなど） |
| 15 | 協力してくれる組織や団体を見つける |
| 16 | 調査や研究を行い，公表する |
| 17 | 街頭スピーチやデモを行う |
| 18 | その他の方法（上記に当てはまらないものは，説明すること） |

ワークシート

| プロジェクト名 | | |
|---|---|---|
| 解決に参加したい課題・実現したいこと（できるだけ具体的に） | | |
| 活動期間（3ヶ月～1年程度）： | | |
| 活動計画 | | |
| アクション1<br>期間： | 【参加の方法】 | 具体的内容 |
| アクション2<br>期間： | 【参加の方法】 | 具体的内容 |
| アクション3<br>期間： | 【参加の方法】 | 具体的内容 |
| 期間終了時に期待される成果やインパクト | | |
| 私たちにとって… | | |
| 相手や社会にとって… | | |
| 参考情報： | | |

ワークシート　記入例（貧困・孤食・「子ども食堂」）

| プロジェクト名： | 満腹満足★プロジェクト | |
|---|---|---|

**解決に参加したい課題・実現したいこと（できるだけ具体的に）**
　家の事情などで十分な食事ができない子どもや，一人で食事をしている子どもがいる。地域で運営されている「子ども食堂」に大学生が関わり，食事だけでなくお楽しみイベント（遊び）を加えることで，子どもたちにお腹の満足（満腹）と心の満足を提供したい。

**活動期間（3ヶ月〜1年程度）：　とりあえず6ヶ月**

**活動計画**

| アクション1<br>期間：<br>3ヶ月 | 【参加の方法】<br>④ボランティアとしてNPOに参加する | 具体的内容<br>・子ども食堂を運営するNPOの活動に参加し，調理や子どもとの交流を手伝う。<br>・受付や食材管理，アレルギーの注意点，時間配分など，準備を含めた運営方法も学ぶ。<br>・週1回参加して，子どもの様子や好きな遊びを知る。 |
|---|---|---|
| アクション2<br>期間：<br>2ヶ月 | 【参加の方法】<br>⑧募金や寄付を集める | 具体的内容<br>・毎週小さなお楽しみイベントを行い，さまざまな遊びを提供する。使用する道具や材料（折り紙や絵の具など）を確保するために，寄付品や募金を集める。<br>・お願い先は，商店街や地元企業，文具メーカーで，学生が3ヶ月間の経験を踏まえて訪問し活動紹介をする。 |
| アクション3<br>期間：<br>1ヶ月 | 【参加の方法】<br>⑩話題になる活動をする | 具体的内容<br>・料理初心者の大学生が「小学生もできるちょい足しレシピ」を考案・試食するチャレンジ企画を実施し，SNSや子ども食堂で紹介する。子どもにとって普段の食事を楽しいことに変えることを狙いとし，電子レンジでできることや，コンビニで買えるものを使うなどの工夫をする。 |

| 期間終了時に期待される成果やインパクト |
|---|

**私たちにとって…**
料理が上手くなる。自分の食生活にも気を遣うようになる。子どもに信頼され，いろんな話をしてくれるようになる。活動している大人や協力してくれる団体と知り合うことができ，次の目標を一緒に考えられる。世界の飢餓・食糧問題にも関心をもつようになる（かもしれない）。

**相手や社会にとって…**
子どもが満腹満足を経験し，少し幸福になる。子どもが自分で食事を工夫できるようになる。大人や団体から，大学生を一緒に活動できるパートナーだと思ってもらえる。

**参考情報：**○○大学　学生プロジェクト「○○」，NPO法人○○，○○市

📖 引用・参考文献

愛知県（2023）「エシカル×あいち」愛知県県民文化局県民生活部県民生活課，
　　https://www.pref.aichi.jp/kenmin/ethical/checklist/（最終アクセス　2023年11月29
　　日）。

朝日新聞 globe＋（2020）「始まりは素朴な疑問　世界に伝わった『＃KuToo』石川優実
　　の問いかけ」
　　https://globe.asahi.com/article/13191889（最終アクセス　2023年11月29日）。

ハフポスト日本版（2020）『＃KuToo』の石川優実さんに聞く，社会を変えるために『怒
　　り』が必要な理由」
　　https://www.huffingtonpost.jp/entry/yumi-ishikawa_jp_5e623968c5b691b525f133b8
　　（最終アクセス　2023年11月29日）。

井沼淳一郎（2014）「アルバイトの雇用契約書をもらってみる授業」川村雅則・角谷信一・
　　井沼淳一郎・笹山尚人・首藤広道・中嶌聡『ブラック企業に負けない！学校で労働
　　法・労働組合を学ぶ』きょういくネット。

公益財団法人かながわ海岸美化財団（2023）
　　https://www.bikazaidan.or.jp（最終アクセス　2023年11月29日）。

クライン，ナオミ（中野真紀子・関房江訳）（2020）『地球が燃えている：気候崩壊から人
　　類を救うグリーン・ニューディールの提言』大月書店。

公民館のしあさって出版委員会（2021）『公民館のしあさって』ボーダーインク。

厚生労働省（2022）「『カスタマーハラスメント対策企業マニュアル』等を作成しました」
　　https://www.mhlw.go.jp/stf/newpage_24067.html（最終アクセス　2023年10月10日）。

日本労働弁護団（2013）「ワークルール教育」
　　https://roudou-bengodan.org/info/work_rule/（最終アクセス　2023年12月2日）。

日本青年団協議会（2023）
　　https://www.dan.or.jp（最終アクセス　2023年11月30日）。

NPO 法人ダイバーシティサポートかわさき（2021）
　　https://www.dskawasaki.com（最終アクセス　2023年11月29日）。

OECD（2020）「ラーニング・コンパス（学びの羅針盤）2030」（仮訳）
　　https://www.oecd.org/education/2030-project/teaching-and-learning/learning/learni
　　ng-compass-2030/OECD_LEARNING_COMPASS_2030_Concept_note_Japanese.pdf
　　（最終アクセス　2023年11月30日）。

岡山市公民館 ESD 実践集編集委員会（2014）『岡山市公民館 ESD 実践集』，岡山市
　　https://www.city.okayama.jp/kurashi/0000013621.html（最終アクセス　2023年11月
　　30日）。

宇野重規（2022）『自分で始めた人たち：社会を変える新しい民主主義』大和書房。

全国大学生活協同組合連合会（2023）
　　https://www.univcoop.or.jp/index.html（最終アクセス　2023年11月29日）。

### 発展的学習 2

# フリースペースと集会の自由
## ：憲法学の観点から

　民主政治の担い手となる個人のことを市民（citizen）という。市民としての権利・義務・地位に関する総称をシティズンシップ（citizenship）という。市民が集ってさまざまな共同作業を行い，シティズンシップを育成する教室・公園・コミュニティホール等の公共の場のことをフリースペース（free spaces）という。本章では，フリースペースと集会の自由の関係について，憲法学の観点から考察する。

## 1．現代社会におけるフリースペースとは

### (1) フリースペースとは何か

　複雑化する現代社会で無力感に苛まれる若者が公的な問題に関心をもち，主体的に行動する能動的市民（active citizen）として活動するためには，さまざまな条件が必要である。単に選挙で投票したり政治家に働きかけたりするだけでなく，市民が自らの生活する社会やコミュニティの問題に目を向け，他者と協働することを通じて一致点を見出し，問題解決を図る経験を重ねることで，市民は能動的市民へと育っていく。では，市民同士が自由に出会い，他者との協働を可能にする「場」は，社会のどこにあるのだろうか。そこでの自由はどのように保障されるのだろうか。本章では，発展的学習として，現代社会におけるフリースペースの意義と課題に着目し，市民の権利保障の観点から憲法に則して解説する。

　社会連携を重視するシティズンシップ教育であるパブリック・アチーブメン

ト（PA）（序章，終章参照）において，人々が他者とコミュニケーションを取り合い，グループワーク等の協同作業を行う公共の場としての教室，公園，コミュニティホール等のフリースペースの役割が重視される（ボイト，2020：74-75）。

　PA の提唱者であるハリー・C・ボイトによれば，フリースペースとは，「人々が，対面で出会い，自分たちを組織化し，アイデアを話し合い，知的な想像やアイデアを発展させ，そして関係構築のスキルを学ぶ環境」（ボイト，2020：75）であり，それは1960年代の公民権運動をはじめ，アメリカ合衆国史における民主的運動において重要な役割を果たした（ボイト，2020：75-76）。PA においては，「若者が自己組織化し，スキルや公共心を身に付けるための空間の必要性」が強調されている（ボイト，2020：76）。

## (2)　「集会の自由」が意味すること

　人々が共通の目的をもって一定の場所に集まることを集会という。シティズンシップを育成する上で，誰にでも開かれた公共の場としてのフリースペースは，日本国憲法21条１項の集会の自由の趣旨に照らして重要である。最高裁判所は，成田新法事件（最高裁大法廷判決平成４年７月１日）において，「現代民主主義社会においては，集会は，国民が様々な意見や情報等に接することにより自己の思想や人格を形成，発展させ，また，相互に意見や情報等を伝達，交流する場として必要であり，さらに，対外的に意見を表明するための有効な手段であるから」，集会の自由は，「民主主義社会における重要な基本的人権の一つとして特に尊重されなければならない」と指摘している。

　屋内施設についてはⅡで後述するので，ここでは屋外における集会・デモ行進の扱いについて取り上げる。「動く集会」であるデモ行進も集会の自由に含まれる。ただし，デモ行進には，交通安全の確保の観点から警察署長の許可が必要となる（道路交通法77条）。また，多くの自治体が公安条例によってデモ行進を規制している。たとえば，神奈川県公安条例は，道路等の公共の場所での

集会やデモ行進に際して，当該地域の公安委員会の許可が必要であると規定している（同1条）。しかし，デモ行進それ自体は原則自由であるので，公安委員会に通知するだけで足りる届出制とすべきとする見解が有力である。許可制の場合であってもその基準を明確化し，安易な規制をすべきではないと考えられている。

　いわゆる「歩行者天国」や地域のイベントで道路を利用する場合は，道路管理者の道路占有許可（道路法32条）と警察による道路使用許可（道路交通法77条）が求められる。こうした路上イベントで飲食物を販売する場合は食品営業許可が別途必要となる（食品衛生法52条）。鉄道駅と周辺施設を接続する自由通路については各自治体の条例に基づいて維持・管理が行われており，演説，ビラ配布，署名活動，物品販売等の行為が規制されている。たとえば，海老名市の海老名駅自由通路設置条例19条1項は，「募金，署名活動，広報活動その他これらに類する行為」（同1号），「催事，興行その他これらに類する行為」（同2号），「音楽活動その他これらに類する行為」（3号），「業として行う写真又は映画等の撮影」（同4号）について，これらが「歩行者の往来に相当の影響を与えるおそれがない場合で，かつ，営利を目的とした行為と認められない場合」を除き，市の指定管理者による事前承認が必要であるとしている。

## 2．集会の自由と公共施設の使用をめぐる法的問題

### (1)　公共施設とその使用許可基準

　人々が集会を行うには，それを行う公共の場を確保する必要がある。憲法上のフリースペースとしては，道路，公園，公会堂，公民館，公立学校等の自治体の公共施設（後述の「公の施設」）があげられる。ここでは，これらの公共施設のうち，主として集会目的で設置された屋内施設の使用許可をめぐる法的問題を取り上げる。

　地方自治法244条1項の「公の施設」とは「住民の福祉を増進する目的をも

つてその利用に供するための施設」であり，自治体は，正当な理由がない限り
使用を拒否したり，不当な差別的取り扱いをしてはならない（同244条2項，3
項）。何が正当な理由であるのかは，各自治体が条例で規定する（同244条の2
第1項）。「公の施設」のうち，公民館については，教育活動の非営利性・政治
的中立性・宗教的中立性の観点から，営利的色彩の強い事業，特定政党・特定
候補者の支援，特定宗教の布教のための利用は認められない（社会教育法23条
1項）。

　集会の自由には公共施設（「公の施設」）の利用を要求する権利が含まれてお
り，地方自治法244条1項，同2項の規定はその趣旨を反映したものであると
する見解と，それを否定する見解がある。ただし，後者の見解においても，正
当な理由なく利用を拒否することは認められない。

### (2)　集会目的での公共施設の使用をめぐる事例

　集会目的での公共施設の使用をめぐっては，管理者である自治体が公共の安
全や施設管理の観点から使用を拒否することの可否がたびたび争点となってき
た。

　泉佐野市民会館事件（最高裁判決平成7年3月7日）では，関西新空港建設へ
の反対集会を開催するための市民会館の使用許可申請が不許可とされたことが
争われた。最高裁は，「主催者が集会を平穏に行おうとしているのに，その集
会の目的や主催者の思想，信条に反対する他のグループ等がこれを実力で阻止
し，妨害しようとして紛争を起こすおそれがあることを理由に公の施設の利用
を拒むことは，憲法21条の趣旨に反する」とした。ただし，本件集会の実質的
な主催者が対立グループと激しい抗争を続けており，これを「警察に依頼する
などしてあらかじめ防止することは不可能に近かったといわなければならず，
平穏な集会を行おうとしている者に対して一方的に実力による妨害がされる場
合と同一に論ずることはできない」として，市の不許可処分を認めた。しかし，

主催者が「平穏な集会を行おうとしている者」に該当しないと判断された本件は，あくまで例外的な事例である点に注意が必要である。

　他方，何者かに殺害された労働組合幹部の合同葬のための福祉会館の使用許可申請が不許可とされたことが争われた上尾市福祉会館事件（最高裁判決平成8年3月15日）において，最高裁は，「主催者が集会を平穏に行おうとしているのに，その集会の目的や主催者の思想，信条等に反対する者らが，これを実力で阻止し，妨害しようとして紛争を起こすおそれがあることを理由に公の施設の利用を拒むことができるのは，……警察の警備等によってもなお混乱を防止することができないなど特別な事情がある場合に限られる」として，市の不許可処分が違法であると判断した。

　このように，公共施設を集会目的で使用する場合，判例は，施設管理上の支障がなく，平穏に集会を行い，他者の基本的人権を侵害しない限り，原則として使用を認める立場を採用している。

　なお，集会の自由は，民間施設との関連でも争点となりうる。プリンスホテル事件（東京高等裁判所判決平成22年11月25日）では，右翼団体の街宣活動のおそれ等を理由とした日本教職員組合（日教組）の教育研究集会のためのホテル会場使用拒否が争われた。東京高裁は，本件集会によって他の宿泊客に不利益が生じる的確な証拠はないとして，日教組側の損害賠償請求を認めた。本件は民間施設の事例であるが，「集会施設として公会堂・公民館等と民間所有の会議場・イベントホール等の間には，一定の機能的等価性が認められる」（松田，2012：25）との指摘がなされている。

### (3)　公民館の「公民館だより」をめぐる事例

　市町村が設置する公民館は，地域住民の社会教育や生涯学習の拠点として用いられる（社会教育法20条等）。公民館それ自体がフリースペースであることは言うまでもない。また，公民館が発行する「公民館だより」（公民館報）も，

住民の学習成果を発表し，相互交流を行う公共の場であり，フリースペースの構成要素としての役割を担うといえよう。

9条俳句掲載拒否事件（東京高等裁判所判決平成30年5月18日）では，地域住民の俳句会が選出した「梅雨空に『九条守れ』の女性デモ」の秀句を「公民館だより」に掲載しようとしたところ，政治的中立性を理由に拒否されたことが争われた。

東京高裁は，公民館について，「住民の教養の向上，生活文化の振興，社会福祉の増進に寄与すること等を目的とする公的な場ということができ，公民館の職員は，公民館が上記の目的・役割を果たせるように，住民の公民館の利用を通じた社会教育活動の実現につき，これを公正に取り扱うべき職務上の義務を負うものというべきである」と指摘した上で，本件掲載拒否が違法であると判断した。

本件で東京高裁は，「公民館だより」それ自体は地方自治法の「公の施設」には該当しないと述べている。しかし，「この『公民館だより』の当該スペースは，『公の施設』である公民館に連なる『一部』として，『公の施設』としての性格を有していたとみることができる」のであって，「『正当な理由』のない利用拒否や利用に際して『不当な差別的取扱い』は許されない」（右崎，2022：197）との有力な指摘がなされている。これは「公民館だより」をフリースペースの構成要素とみなす見解と趣旨を同じくするものといえよう。

## 3．憲法学の観点からの検討

### (1) 憲法学とフリースペース

憲法学において，道路や公園等の公共の場における自由な表現活動を手厚く保障すべきとする議論をパブリック・フォーラム論（PF論）という。一般的に，人々が自由に利用できる道路や公園を伝統的PF，公民館や劇場のように，一定の目的のために設置されるものを限定的PFという。これらのPFにおい

ては，原則として集会の自由が認められなければならない。PF 論は，表現活動を行う公共の場を確保することで，集会の自由を実質的に保障することを企図している。

　集会は「人と人が対面して情報を交換し，意見をたたかわせ，自己の内面を高め，また相手を説得する場」（渋谷・赤坂，2022：252）であるが，そこには，「人々が同じ時間と空間を共有することで，精神的連帯感を得る機能」（君塚，2023：303）もある。そのため，人々が集う公共の場でのコミュニケーションや協働作業を重視するフリースペースは，連帯感や仲間意識を培うという観点から PF 論を補完・強化するものであるといえよう。フリースペースにおける集会の自由を確保することは，同じ目的を持った人々が継続的な団体を組織する結社の自由を保障することにもつながる。

　そのため，自由闊達な議論を行い，協働作業を行う場としてのフリースペースを，公民館をはじめ，大学キャンパス内のラーニング・コモンズ（LC），さらには，コミュニティカフェのように，民間施設を含めた地域のコミュニティ内にも設けることが望ましい。

　「公の施設」の中でも，特に公民館については，それが「自由なたまり場」としての役割を持つこと（井口，2023），また，「学習の自由」と「住民自治」を取り持つ公民館等の社会教育施設職員の役割の重要性が説かれている（上野，2023：11）。憲法学の観点からは，「人生百年時代を迎え生涯を通じた学習権構想が必要となる今日，社会教育の拠点としての公民館はその重要性を一層増すであろう」との指摘がなされている（川岸，2019：25）。

　LC とは一般的に，学生の学修支援のために設置される大学施設を指す。たとえば，東海大学は，言語学習を支援し，学生どうしの交流の場となる「Global AGORA（グローバル・アゴラ）」を設置している。民間のフリースペースの事例としては，私設公民館「喫茶ランドリー」（墨田区等）によるまちづくりの取り組みが注目される（田中，2022）。

### (2) フリースペースで何をするのか：熟議について考える

　フリースペースは，市民同士が出会い，対等に関わり合いながら協働を生み出す場である。フリースペースで行われることの一つとして，ここでは，当事者間の熟慮と討議によって民主的な決定を行う熟議民主主義（deliberative democracy）（田村，2008：2017）を取り上げる。

　1990年代以降のアメリカ合衆国では，妊娠中絶，同性婚，マイノリティの人々に対する積極的差別改善措置，銃規制等の価値観をめぐる対立が深刻化している。そのため，多様な価値観を持つ人々が暮らす社会においては，単なる多数決ではなく，意見を異にする他者と議論を行い，自己の内省を深めた上で決定を行う熟議民主主義を踏まえたシティズンシップが求められるようになった。上述のPAもその潮流に位置づけられる。

　熟議民主主義は多様な価値観を持つ人々の間で一致点を見出そうとする試みであり，価値観の多様化が著しい日本においても示唆に富む。しかし，民主政治への参加を自己目的化している点で本末転倒であり，民主政治への参加が健全な統治をもたらすというのは楽観的に過ぎるとの批判もあろう。

　価値観をめぐる対立は，集団的自衛権等の安全保障体制，原子力発電等のエネルギー政策，日の丸・君が代や戦没者追悼をめぐる問題のように，熟議を経たからといって必ずしも意見が一致するとは限らないし，対立が一層激化する可能性も否定できない。そのため，特に，フリースペースにおいては，取り上げるテーマについて慎重に考慮しなければならないことも想定される。また，同質傾向をもつ人々が熟議を行うことによって却って過激な結論を導きだす集団極性化（group polarization）等の病理現象（サンスティーン，2023）への対処が求められる。

　集団極性化の典型例としては，インターネットの検索エンジンやSNSを通じて，自分の見解に都合の良い情報にのみアクセスし，もともとの考えをさらに先鋭化させ，自分と異なる意見を攻撃するといったことがあげられる（秦，

2020：106）。集団極性化を防ぐのは決して容易ではないが，さまざまな人々が
対面で集うフリースペースでは，思想・信条が違っても，異なる意見に真摯に
耳を傾け，お互いを自由かつ対等な個人として尊重することで同調圧力を軽減
し，たとえば，地域の商店街のお祭りのような共通のイベントを実施したり，
生活ゴミの処理や公園の清掃といった身近な共通の問題に取り組むことで，完
全ではないにせよ，少しずつ一致点を見出していくことが重要である。

【注記】本コラムの PA および熟議民主主義に関する記述は，大江（2017）に加筆・
　　　修正を加えたものである。

（大江一平／法学）

### 📖　引用・参考文献

荒牧重人・小川正人・窪田眞二・西原博史編（2015）『新基本法コンメンタール：教育関
　　係法』〈『別冊法学セミナー』第237号〉日本評論社，p. 385（長澤成次）。
ボイト，ハリー・C（小玉重夫監修・堀本麻由子・平木隆之・古田雄一・藤枝聡監訳）
　　（2020）『民主主義を創り出す：パブリック・アチーブメントの教育』東海大学出版部。
長谷部恭男・石川健治・宍戸常寿編（2019）『憲法判例百選Ⅰ（第7版）』〈『別冊ジュリス
　　ト』第245号〉有斐閣，Ⅰ-57（平地秀哉），Ⅰ-81（金澤孝）。
秦正樹（2020）「メディア：私たちはメディアに踊らされる？」坂本治也・石橋章市朗編
　　『ポリティカル・サイエンス入門』法律文化社，第7章。
井口啓太郎（2023）「『自由なたまり場』としての施設運営」『月刊社会教育』旬報社，803：
　　31。
川岸令和（2019）「『9条俳句訴訟』控訴審判決」『平成30年度重要判例解説』〈『ジュリス
　　ト』臨時増刊第1531号〉有斐閣，p. 24。
君塚正臣（2023）『憲法：日本国憲法解釈のために』成文堂。
木下昌彦（2020）「公共施設の管理権とその憲法的統制」横大道聡編著『憲法判例の射程
　　（第2版）』弘文堂，第15章。
国土交通省道路局（2016）「道を活用した地域活動の円滑化のためのガイドライン（改定
　　版）」
　　https://www.mlit.go.jp/road/senyo/pdf/280331guide.pdf,（最終アクセス 2024年1月
　　22日）。
松田浩（2012）「プリンスホテル日教組大会会場使用拒否事件控訴審判決」『平成23年度重

要判例解説』〈『ジュリスト』臨時増刊第1440号〉有斐閣，p. 24。

毛利透・小泉良幸・淺野博宣・松本哲治（2022）『憲法Ⅱ：人権（第3版）』有斐閣，第7章6節（毛利）。

中林暁生（2011）「パブリック・フォーラム」駒村圭吾・鈴木秀美編著『表現の自由Ⅰ：状況へ』尚学社，p. 197。

二ノ宮リムさち・朝岡幸彦編著（2023）『社会教育・生涯学習入門：誰ひとり置き去りにしない未来へ』人言洞，第6章（伊東静一）。

大江一平（2007）「公立学校施設の目的外使用不許可処分が争われた事例」『関西大学大学院法学ジャーナル』関西大学大学院法学研究科院生協議会，80：395。

大江一平（2017）「持続可能な地域社会と大学の役割：アメリカ合衆国のパブリック・アチーブメントを手がかりとして」小林直三・根岸忠・菊池直人編『法と持続可能な社会の構築』新日本法規出版，p. 90。

大江一平（2020）「表現の自由ってどういうもの？」大久保卓治・小林直三・奈須祐治・大江一平・守谷賢輔編『憲法入門！市民講座』法律文化社，第11講。

佐藤一子（2018）『「学びの公共空間」としての公民館：九条俳句訴訟が問いかけるもの』岩波書店。

渋谷秀樹・赤坂正浩（2022）『憲法1：人権（第8版）』有斐閣。

サンスティーン，キャス（永井大輔・髙山裕二訳）（2023）『同調圧力：デモクラシーの社会心理学』白水社，第3章。

田村哲樹（2008）『熟議の理由：民主主義の政治理論』勁草書房。

田村哲樹（2017）『熟議民主主義の困難：その乗り越え方の政治理論的考察』ナカニシヤ出版。

田中元子（2022）『1階革命：私設公民館「喫茶ランドリー」とまちづくり』晶文社。

塚田哲之（2017）「集会・結社の自由」阪口正二郎・毛利透・愛敬浩二編『なぜ表現の自由か：理論的視座と現況への問い』法律文化社，第Ⅰ部第6章。

上野景三（2023）「社会教育施設の現状と課題」『月間社会教育』旬報社，802：3。

右崎正博（2022）『表現の自由の現代的展開』日本評論社，第12章。

吉崎暢洋（2018）「九条俳句不掲載訴訟・控訴審判決」『新・判例解説Watch』〈『法学セミナー』増刊〉日本評論社，23：35。

全国公民館連合会編著（2022）『よくわかる公民館のしごと（第3版）』第一法規。

## 終　章　専門性を活かす基盤としての　シティズンシップ

### 1．ふたたび…あなたは「市民」？

　本書の冒頭に，「『自分が何をしてもどうせ社会は変わらない』というあきらめを乗り越えて，『ふつうの人』が社会に対して無力な存在ではないこと，社会に参加し社会をつくりかえる力があることを理解し，わたしたち自身をエンパワーメントすることをめざす」と書いた。また，第1章のはじめでは，「あなたは自分のことを『市民』だと思っているか？　どんな理由で，そう感じるのか？」を問うた。

　「市民（citizen）」とは何か，「シティズンシップ」とは何か，さらに「市民」が「社会を担う」とはどのようなことか，具体的にどのようにすれば社会を担うことができるのか，そのためのアイディアやスキルを考え，学んできたいま，あらためて，あなたは「市民」として自分自身をエンパワーメントする—社会を創り変える自分の力を「取り戻す」—ことができると感じているだろうか？自らの日々を豊かに生きながら，かつ，能動的市民（アクティブ・シティズン）として社会に参加し，社会を担う道が見えるだろうか？　自分が関わっている組織・集団や，自分が暮らす地域社会の中で，自分と他者の人権を尊重し合いながら，自らの意見を伝え，他の意見に耳を傾け，よりよい組織や社会への変革へ向けてなんらかの行動を起こすことが，現実の日常の中にあるだろうか？

　本章では，わたしたちが豊かな人生とよりよい社会を求めていくときの，ひとつの重要なありかたとして，自らの専門性を活かしながらシティズンシップを発揮することについて考えたい。

## 2. パブリック・アチーブメントの理念

まずここであらためて,「シティズンシップの学び」のガイドとしての本書が支柱とするシティズンシップ教育の理念・実践体系「パブリック・アチーブメント (PA)」について確認しておきたい[1]。

序章でも触れたように,PA は,人々がともに公共の課題に向き合い,具体的な実践に取り組むなかで,民主主義のあり方を学び,行動するための具体的なスキルとアイデンティティを獲得する過程を体系化したもので,「ふつうの人々が並外れたことをする (Ordinary people do extraordinary things)」という信条にもとづく[2]。1990年代,米国・ミネソタ大学ハンフリー公共問題研究所に所属していたハリー・ボイト (Harry Boyte) 博士が構築し,世界各地に広がった。

PA の起源は,「ハル・ハウス (1889年,シカゴで貧しい移民と学生がともに暮らしながらシティズンシップを育む場として開設されたセツルメント)」「フォルケホイスコーレ (デンマークの神学者・哲学者グルントヴィの思想に根差す民衆教育の場)」「コミュニティ・オーガナイジング (市民の力を結集,組織化する社会運動の手法)」,さらにそれらにもとづき米国の公民権運動の中で展開された「シティズンシップ・スクール」といった実践・理念にある (ボイト,2020)。この「シティズンシップ・スクール」とは,1950-1960年代の米国における公民権運動の中で,投票の権利を得る要件とされた識字能力を身につけたいと考えた黒人たちの学びの場として始まった学習の場であった (同上)。教師と生徒という上下の関係ではなく,ともに取り組み教え合う関係が重視され,学習者自身が読みたい・書きたいもの(聖書,子どもからの手紙,カタログ,郵便為替など),生活の中で必要となるもの (必要なガソリンや塀をつくる材料の計算など) を題材として読み書きや計算等を学びながら,世界人権宣言[3]のような崇高な理想も共有し,日常と理想をつなぐ学習が目指された (同上)。シティズンシップ・スクールは,後にシティズンシップ・エデュケーション・プログラムとして発展し,単なる読み書き計算を越えて,人種隔離の不当性を示す行進やデモといっ

た抗議行動や，意義ある変化に向けたそれぞれの足元での地道な交渉，「身に沁みついた服従のパターンを乗り越えて，『パブリックになる』勇気を育てること」，そのための「実用的な能力」を身に着けることが重視されていった（同上：148）。

　PAでは，こうした思想と実践の系譜に連なり，個々人の経験や関心に根差しながら，人々が対等な関係性を築きつつ，自分たちの社会を自分たちの手で創り変えていくために「公共の理想を政治的に実現していく力」を得る学びを重視する。「シティズンシップ」という概念に，いまある社会を担い支える役割を人々に課すという意図からでなく，人々，特に若者が，「自由な主体，自分たちが暮らす世界の共同創造者」として取り組むための力の獲得を支えるという意図から着目する。つまり，「市民が共通の世界に適合する投票者やボランティア，あるいはその世界に反対する抗議者にとどまらず，パブリックな世界を造る共同創造者であるという，市民性」（同：6-7）としてのシティズンシップが強調される。学習者らが協同で，具体的な公共の課題（たとえば，地雷問題，児童労働，セクシュアル・ハラスメント，人種やセクシュアリティなどによる差別といった社会的公正に関わる課題や，壊れたトイレの仕切り壁の修理といったごく身近な問題など）を明らかにし取り組む中で「不正と闘う大胆さや勇気，問題に取り組む才能，イデオロギーや価値観が鋭く対立するかもしれない異質な他者と関わりあう政治的スキル」（Boyte, 2002；小玉，2020）といった「市民の体力（civic muscle）」，「自身を取り巻く世界を形作るために意図的に行動する力」（ボイト，2020：19）としての「市民的（シビック）エージェンシー（civic agency）」を育むことが目指される。これはつまり，第1章でふれた「社会参加と実践に直結したスキル・能力を伴う『アクティブ・シティズンシップ（能動的市民）』」の育成を意味する。

## 3. 「教養」と「専門」

　さて，本書は，こうしたPAの理念を基盤に，教養としてのシティズンシップの獲得を支えるためのガイドとして制作された。学習者らが集団的に公共の

課題に取り組む実践としての PA の一歩手前にある学びとして，教室やその他好きなところに座って本書をめくりながら，シティズンシップと自分自身の関係を考え，具体的な社会参加の方法を知り，自らの力への信頼を育むことを目指した。

　序章でも述べたように，大学における教養教育とは，批判的思考を通じて社会の全体を考察しつづけるための知的な基礎体力の鍛錬であり，自分と社会の関係をとらえ，社会への関心と関与を形成し，自らの学びを他者を含む社会全体としての公共へ還元するためのものといえる。自分や他の人々が生きていくうえで経験する苦しさ・辛さ・大変さに，「しかたがない」で蓋をするのではなく，またその個人の責任や原因を問うだけでもなく，そうした状況を生む社会を問い，課題を探り，その解消と社会の変化に向けて働きかけるための基礎体力をつけること，それが教養としてのシティズンシップ教育に期待される意義である。

　いっぽう，大学とは，本来，専門家育成の場として発展してきた教育機関だ。また，専修学校のように，より実践的な職業教育や専門的な技術教育を主軸とする教育機関もある。このような専門教育は，シティズンシップ育成とどのように関係し得るだろうか。

　大学生のなかには，ある分野の専門的知識・技能や資格を身に着けることを目指している場合もあれば，特定分野の専門性というよりも幅広い知見や能力を身に着けたいと考えている場合もあるだろう。また，専修学校の学生であっても，後者に近い者もいる。これを読んでいるあなたはどうだろうか。専門性との関わり方は人それぞれで，専門教育も課程によってそのバランスはさまざまだが，どのような場合においても，現代日本の大学や専修学校等の専門教育では，個別の専門領域における知識・技能と，知識や技能に対する探求的・批判的な態度といった力を連動的に育むことが目指されている。現在の知識社会において，様々な分野で今後ますます専門職業人が求められていくことは確かであり，専門教育には，専門性を持ちつつ，探求的・批判的に社会の課題に向き合い，社会の変革や創造を担う力を育てることが期待されている。つまり，

わたしたちの社会は，教養教育を通じた「教養としてのシティズンシップ」の育成とともに，専門教育を通じた「シティズンシップを各専門分野につなげてよりよい社会への変革に向けて実社会で行動する力」の育成を求めているのである。

## 4．シティズン・プロフェッショナルとして

　ここに，「シティズン・プロフェッショナル（市民専門家）」という，PA でも重視される概念の重要性が立ち上がる。シティズン・プロフェッショナルとは，専門家でありつつ，市民としての視点を持ち，他の市民とともに行動する者のことをいう。

　本書第 1 章で，専門家と市民の関係性に触れた。複雑化する現代社会においては，気候変動，ビッグデータの活用，感染症への対応といった，高度な専門知識が求められる課題がわたしたち一人ひとりの暮らしに大きな影響を及ぼす。これら課題の解決に求められる専門的知見は多様な領域にまたがると同時に，それぞれの専門家の価値観や利害関係も多様ななかで，専門家が唯一の「正解」を提示することは不可能なことはそこで述べた。そこで，多様な立場の「素人」としての市民が専門家と対等な立場で解決に向けた議論や決定の過程に関与するために，市民の側で活用できる現状の仕組みとして，第 3 章ではパブリック・コメントや公募委員制度などを紹介した。いっぽうで，専門家の側から，市民との対等な関係性を築き実社会で行動するのがシティズン・プロフェッショナルである。

　上にも挙げた，現代社会が直面する最重要課題のひとつ「気候変動」を例に考えてみよう。気候変動は，人間活動を通じて排出される二酸化炭素をはじめとする温室効果ガスが，地球規模で気候を変化させ，各地の人々の生活に多様な影響を与えるという，グローバル課題である。原因と結果が国境を越えて複雑に絡み合い，一人の人間の視野ではその全体像を把握できず，科学者にとっても，ある特定領域のみで立ち向かうことは到底できない。多様な領域の科学者が，多様な知見を持ち寄って，調査研究を重ね，その原因と結果が徐々に明

らかになってきたという段階にある。こうした調査研究を担う科学者が，シティズン・プロフェッショナルとして，例えば各国政府に気候変動対策を求めるグローバルな市民運動にくわわれば，運動の信頼と説得力を増す役割を果たすことができるだろう。

　さらに，気候変動の影響や対策は，わたしたち一人ひとりの暮らしとも密接につながる。熱中症の増加，自然災害の激化，食料の不作，感染症の拡大といった影響は，既に日本のわたしたちの生活の中にも現れている。また，家庭での電気やガスの使用のほか，わたしたちが消費するものがつくられ，運ばれ，捨てられる過程や，わたしたちが乗り物で移動する過程など，わたしたちの日常のあらゆる場面が，温室効果ガスの排出を引き起こしている。こうした中で，例えば地域の暮らしの中の影響を市民目線で調べ理解したり，そうした影響に適応する，または原因となる温室効果ガス排出を削減する方策を地域の中で話し合い実行したりする市民の取組が広がりつつある。そこに，例えばエネルギー，交通，農業，流通，環境，医療，福祉，教育，法律といった専門的知見を持つ人がシティズン・プロフェッショナルとしてくわわれば，調査や対策の信頼性，実現性を増す役割を果たすことができるだろう。またほかにも，例えば文学や芸術の専門家は多くの人を惹きつける発信に貢献できるかもしれないし，外国語の専門家であれば異なる言語での発信や情報収集に貢献できるかもしれない。スポーツや調理，美容といった領域の専門家がいれば，それぞれの分野での対策をけん引できるかもしれない。

　シティズン・プロフェッショナルとは，「他の市民について，あるいは他の市民のためにというよりは，むしろ関係構築とエンパワーメントを通じて他の市民と共に活動することを学ぶ」（ボイト，2020：209）存在である。つまり，市民の活動の外に身を置いて，様子を観察・分析したり，求めに応じて助言や情報を提供したりする存在ではなく，市民の一人として，他の市民と対等な立場で関係を結び，共に活動し，現場の声や実情から学びながら，自らの力を活かす役割を考え，自ら行動する存在である。

　ここでの専門家は，必ずしも高度な科学的知見を持つ研究者や，医師や弁護

士など「士業」「師業」と呼ばれるような高度専門職だけを意味しない。また，大学や専修学校で学んだ専門性だけを意味するものでもない。人々のあらゆる職業や経験，時に趣味等も専門性を形成する。例えばまちの飲食店，理容院，工務店，印刷屋，小売店，花屋，銀行，工場，役所等，それぞれの場で働く人たちの専門性がある。また，育児，介護，家事等の経験，自分や身近な人の障害や病気等の経験，自治会やPTA等での経験も，専門性につながり得る。さらに，歌，演劇，絵画，俳句，釣り，読書，スポーツ，史跡探索，食べ歩き，ファッションといった様々な趣味も，究めれば，専門的知見をかたちづくる。

　つまり，一人ひとりが自分の職業や経験，趣味や好きなことから，自分の役割を見つけだし，一人のアクティブ・シティズンとして社会に参加する，それがシティズン・プロフェッショナルなのだととらえたい。

## 5．人生を拓き社会を創る「市民」として

　本書を通じて，あなたは，選挙，パブリック・コメント，公募委員といった社会参加の制度や，ボランティアという社会参加のあり方，さらに社会を動かす集団的な力の重要性と具体的方法，そして日常生活を通じた社会参加の入り口について学んできた。そのうえで本章では，自らの「専門性」を社会参加や社会運動に活かす「シティズン・プロフェッショナル」というあり方を示した。

　第1章でみたように，わたしたちは，社会において，政府セクターに対する納税者，有権者，国民，住民，市場セクターに対する労働者，消費者，親密圏セクターに対する家族，友人といった，多様な立場を持っている。そのなかでも，市民社会セクターにおける市民という立場は，わたしたちの人生のスケールを広げる，大きな可能性と創造性を示すものではないだろうか。

　市民という立場において，わたしたちは自由である。特別な能力や権力を求められるわけでもなく，何らかの役割が義務付けられているものでもない。自分自身の感覚を信じ，「しかたがない」というあきらめから解放されて，他者とつながり，自分の「専門性」をつなげ，できる・やりたい範囲と方法で社会の創造と変革に参加しながら，自らの人生を豊かに拓いてゆく，それがシティズ

ンシップだ。さあ，それぞれのシティズンシップを，ともに創ろうではないか。


✐ **注**

(1) パブリック・アチーブメントについては，「人生を拓き社会を創るパブリック・アチーブメント／シティズンシップ教育シリーズ」の本書シリーズ本『地域から学ぶ・世界を創る—パブリック・アチーブメントと持続可能な未来』序章により詳しく記している。本項はその抜粋・要約である。

(2) ウェブサイト "Public Achievement", Augsburg University（https：//sites.augsburg.edu/publicachievement/）（最終アクセス　2023年10月31日）.

(3) 「世界人権宣言」は，国連が発足して3年後の1948年に採択し，現代社会を支える基盤として広く共有されている。冒頭で「人類社会のすべての構成員の固有の尊厳と平等で譲ることのできない権利とを承認することは，世界における自由，正義，及び平和の基礎である」とし，第一条に「すべての人間は，生まれながらにして自由であり，かつ，尊厳と権利とについて平等である」とうたう。全文を本書シリーズ本『地域から学ぶ・世界を創る（上記(1)参照）に掲載している。


📖 **引用文献**

ボイト，ハリー・C. 著，小玉重夫（2020）「監修者解説」『民主主義を創り出す—パブリック・アチーブメントの教育』東海大学出版部，pp. xiii–xvi.

ボイト，ハリー・C. 著，小玉重夫監修，堀本麻由子・平木隆之・古田雄一・藤枝聡監訳（2020）『民主主義を創り出す—パブリック・アチーブメントの教育』東海大学出版部.

Boyte, H., 2002, *Citizenship : What does it mean?*, The Minnesota Daily, Monday, September 9, 2002.

# 執 筆 者

*池谷　美衣子　東海大学スチューデントアチーブメントセンター准教授（序章，第1，
　　　　　　　3，5，6章）

*田島　　祥　東海大学スチューデントアチーブメントセンター准教授，情報技術セ
　　　　　　　ンター研究員（第2，4章）

*二ノ宮リム　さち　東海大学スチューデントアチーブメントセンター・大学院人間
　　　　　　　環境学研究科教授，同・環境サステナビリティ研究所所員（終章）

　辻　　陸斗　秦野市役所環境産業部森林ふれあい課主事補（コラム1）

　矢口　菜穂　東海大学医学部看護学科講師（コラム2）

　中村　隆志　東海大学政治経済学部准教授（発展的学習1）

　仲　　昌代　伊勢原要約筆記サークルやまびこ代表（リレーコラム1，2）

　鍛代　晴美　伊勢原要約筆記サークルやまびこコーディネーター（コラム3）

　太田　琢磨　愛媛大学教育学生支援部学生生活支援課アクセシビリティ支援チーム
　　　　　　　SL（リレーコラム1，2）

　窪田　紘明　東海大学工学部機械工学科講師（コラム3）

　大江　一平　東海大学法学部教授（発展的学習2）

## 編著者プロフィール

### 池谷 美衣子（いけがや みえこ）

東海大学スチューデントアチーブメントセンター・准教授。筑波大学大学院人間総合科学研究科教育基礎学専攻修了。博士（教育学）。専門は生涯学習・社会教育。2017年度に東海大学に着任し，シティズンシップを基盤にした教養教育について，教育開発とマネジメントを担当する。

### 二ノ宮リム さち（にのみや さち）

東海大学スチューデントアチーブメントセンター・大学院人間環境学研究科教授，同・環境サステナビリティ研究所所員。主に地域社会と大学において，持続可能な社会づくりにつながる教育・学習・エンパワメントのあり方を追求している。主著に『社会教育・生涯学習入門——誰ひとり置き去りにしない未来へ』（人言洞・共編著）など。

### 田島 祥（たじま さち）

東海大学スチューデントアチーブメントセンター准教授，情報技術センター研究員。博士（人文科学）。社会心理学や教育工学の視点から，メディア利用が学習成果やパーソナリティに及ぼす影響や，子どものメディア利用に対する保護者の効果的な関わり方に関する研究等に従事している。

パブリック・アチーブメント／シティズンシップ教育シリーズ
人生を拓く・社会を創る—シティズンシップの学び

2024年3月30日　第1版第1刷発行

編著者　池谷 美衣子／田島 祥／二ノ宮リム さち

発行者　田中 千津子

発行所　株式会社 学文社

〒153-0064　東京都目黒区下目黒3-6-1
電話　03（3715）1501 ㈹
FAX　03（3715）2012
https://gakubunsha.com

ISBN 978-4-7620-3323-0